Das etwas *andere* Nähbuch

Das etwas *andere* Nähbuch

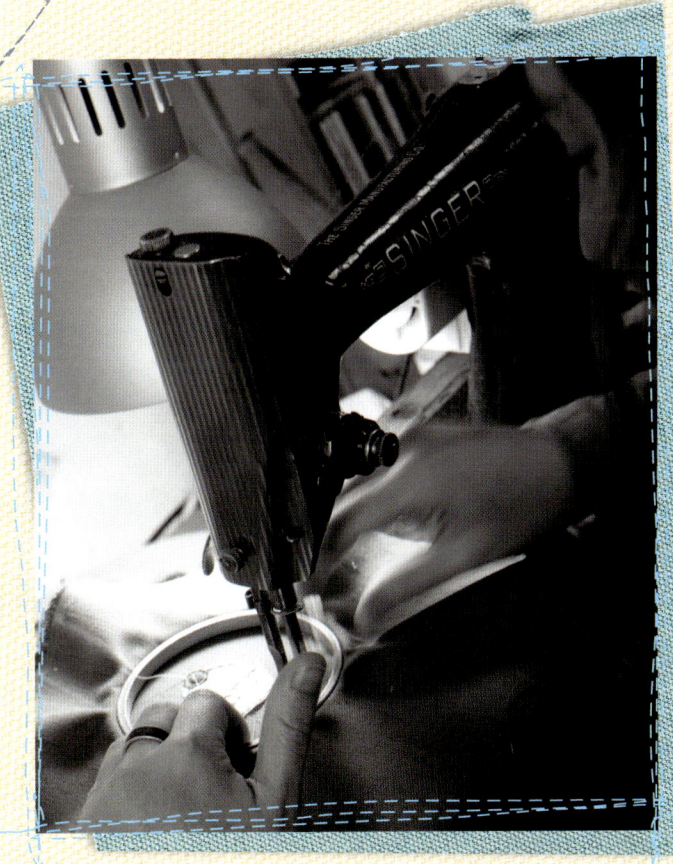

frechverlag

Projektmanagement: Julia Strohbach
Übersetzung: Bernadette Mayr, Kempten
Lektorat: 360°, Berlin
Umschlaggestaltung: Petra Theilfarth
Druck: G.Canale & C. S.p.A

Titel der Originalausgabe:
Free & easy stitch style

Erstveröffentlichung 2009 durch
David & Charles Brunel House, Newton

5. Auflage 2011

ISBN 978-3-7724-6713-4
Best.-Nr. 6713
Printed in Italy

INHALT

Einleitung

Wenn Sie dieses Buch gelesen haben, sehen Sie Ihre Nähmaschine in einem völlig neuen Licht – sie dient nicht mehr nur dem Nähen von Vorhängen und Tischdecken, nein, sie ist zum Werkzeug einer Künstlerin geworden. Wenn Sie sich Schritt für Schritt durchgearbeitet haben und mit den Techniken vertraut geworden sind, nähen Sie Dinge, die Sie früher nicht für möglich gehalten hätten!

Es gibt keine festen und unverrückbaren Regeln. Bei einigen Techniken sollten Sie sogar Ihre persönliche Arbeitsweise berücksichtigen und Ihren eigenen Stil einbringen. Je mehr Sie Grenzen überschreiten, desto besser werden Ihre Projekte. Erwarten Sie also von diesem Buch keine perfekten Anleitungen – es sind oft die zufälligen und glücklichen Fehler, die zu einem originellen Ergebnis führen.

Der Anfang

Die Grundausstattung

Das Schöne bei diesen Techniken ist, dass Sie wahrscheinlich bereits alles haben, was Sie brauchen - und wenn Sie nicht genug Stoff haben, so macht es Spaß, neuen zu kaufen. Das ist eine tolle Ausrede, um noch mehr Stoffe zu horten, alte Kleidung zu zerschneiden und dieses und jenes Stück einer Spitzenborte oder einen schönen Knopf aus Großmutters Schatzkiste zu verwenden.

Robuste Nähmaschine

Sie sollten mit Ihrer Nähmaschine vertraut sein und bequem daran arbeiten können, denn Sie werden sie viel benutzen. Sie sollte eine Freihandfunktion und einen Stopffuß für freies Sticken sowie einen zuverlässigen Stofftransport zum Geradeausnähen besitzen, um die Projekte zusammenzunähen.

Scharfe Schere

Auch hier ist gute Qualität wichtig. Besorgen Sie sich eine Schneiderschere und eine kleine Schere zum Fadenabschneiden. Achten Sie unbedingt darauf, dass die Scheren scharf bleiben, sonst machen Sie sich mehr Arbeit als nötig. Schneiden Sie also kein Papier damit!

Hölzerner Stickrahmen

Hier sollten Sie etwas mehr Geld ausgeben und einen guten Stickrahmen kaufen. Billige Rahmen beschädigen den Stoff und halten ihn nicht straff genug. Wählen Sie eine Größe, die dem Stoffteil entspricht. Ein Rahmen mit 20 cm Durchmesser ist vielseitig einsetzbar, doch sollten Sie auch einen mit 7,5 cm Durchmesser und evtl. einen großen besitzen.

Garn in vielen Farben

Hochwertiges Polyestergarn eignet sich am besten. Billiges Garn reißt ständig und macht Ihnen das Leben schwer, aber manchmal können Sie es als Unterfaden verwenden. Sie brauchen jede Menge Farben – ich liebe Grau, Schwarz, Rot, Orange, Blau, Grün, Creme und Weiß.

Prima Stoffreste

Sammeln Sie! Schließlich möchten Sie sich von
den Stoffen inspirieren lassen – also brauchen
Sie viele schöne, lustige, bunte Stoffstücke für
Ihre Projekte. Verwenden Sie die Reste von
früheren Projekten, Ihre eigenen alten Kleider
und stöbern Sie in Secondhandläden und auf dem
Flohmarkt. Dicke Stoffe und locker gewebte
eignen sich weniger gut, aber Baumwollstoffe in
Patchworkqualität sind ideal.

Knöpfe und Krimskrams

Große, auffällige Knöpfe und andere deko-
rative Verzierungen geben Ihren Arbeiten
eine ganz persönliche Note. Denken Sie
daran, diese mit extrastarkem Faden anzu-
nähen. Auch hier sollten Sie die beste
Qualität wählen, die Sie sich leisten können,
denn je besser die Zutaten, desto leckerer
das Essen!

Schablonen

Die Schablonen für die beschriebenen Pro-
jekte finden Sie auf den Seiten 124-127.
Manche werden Sie vergrößern müssen.
Verwenden Sie dafür Papier, Lineal und
Maßband und zeichnen Sie mit Bleistift
oder Filzstift.

Nähgarn einfädeln

Natürlich genügt zum Nähen eine Garnfarbe, aber unterschiedliche Ober- und Unterfäden sehen zusammen klasse aus, auch wenn Sie bisher nie so genäht haben. Zwei Fadenfarben lassen Ihre Arbeiten kunstvoller wirken und verleihen ihnen mehr Tiefe und Spannung – so wie wenn Sie zwei Malfarben mischen.

Eins Wählen Sie Ihre Hauptfarbe und fädeln Sie den Faden wie üblich in Ihre Maschine ein.

Zwei Wählen Sie eine Akzentfarbe und spulen Sie diese als Unterfaden auf. Setzen Sie die Unterfadenspule in Ihre Maschine ein und holen Sie den Faden nach oben. Jetzt können Sie beginnen.

der Faden kontrastiert mit dem Hintergrund und passt zu den Punkten

dunkle Fadenfarbe bewirkt Spannung

GUTE FARB- KOMBINATIONEN

Ich empfehle für den Anfang einen grauen Oberfaden und einen schwarzen Unterfaden. Sie bilden schöne, deutliche Linien, fast wie bei einer Bleistiftzeichnung. Meine anderen Favoriten sind:

- Oberfaden orange, Unterfaden rot
- Oberfaden pink, Unterfaden weiß
- Oberfaden blau, Unterfaden grün

Schattieren sorgt für eine weitere Dimension

der Unterfaden verleiht Textur und Spannung

FADENSPANNUNG

Beachten Sie die Hinweise des Nähmaschinenherstellers, wenn Sie die Spannung einstellen, besonders dann, wenn die Spannung ganz gleichmäßig sein soll. Sie können aber auch Spezialeffekte durch ungleiche Fadenspannung erreichen: Wenn Sie z. B. die Oberfadenspannung erhöhen, kommt die Farbe des Unterfadens stärker zur Geltung. Wenn Sie den Oberfaden lockern, tritt dieser deutlicher hervor. Alle Maschinen sind unterschiedlich, spielen Sie etwas herum, um den besten Effekt herauszufinden. Denken Sie daran, dass unterschiedlich schwere Stoffqualitäten unterschiedliche Fadenspannungen verlangen. Auch die Spannung des Stoffes auf dem Stickrahmen und die Fadenstärke sind entscheidend. Wenn Sie eine passende Spannungseinstellung gefunden haben, sollten Sie sie möglichst beibehalten.

TIPP Es ist ratsam, einige vorgewickelte Unterfadenspulen in verschiedenen Fadenfarben bereitzuhalten, damit Sie ganz schnell die Farben wechseln und damit experimentieren können.

Einspannen und Transporteur versenken

Bevor Sie mit dem Sticken beginnen, müssen Sie den Stoff in einen Stickrahmen spannen, damit sich keine Falten bilden. Wie gut das Endergebnis wird, hängt davon ab, wie gut der Stoff gespannt ist. Ärgern Sie sich nicht, wenn das nicht gleich gelingt. Je straffer Sie den Stoff spannen können, desto besser wird das Ergebnis.

Eins Öffnen Sie die Stellschraube am äußeren Ring ein wenig.

Zwei Legen Sie den Hintergrundstoff mit der rechten Seite nach oben über den äußeren Ring, sodass an allen Seiten gleich viel Stoff übersteht. Drehen Sie den Ring so, dass die Schraube von Ihnen weg zeigt.

Drei Legen Sie nun den inneren Ring auf den Stoff, sodass er zwischen diesem und dem äußeren Ring eingeklemmt wird. Der Stoff sollte stramm sitzen, doch nicht so sehr, dass die Ringe sich biegen oder den Stoff beschädigen.

Vier Ziehen Sie die äußere Schraube an, wenn Sie die Spannung erhöhen möchten. Dies geht besser, wenn Sie an der Schraube drehen, bevor Sie den inneren Ring einpassen.

Fünf Drücken Sie den Rahmen ringsum nach unten, indem Sie mit dem Daumen an der Oberkante entlangfahren, während Sie den Stoff anspannen. Der Stoff soll so stramm wie möglich sitzen, fast wie ein Trommelfell.

Sechs Versenken Sie den Transporteur Ihrer Nähmaschine und setzen Sie den Stopffuß oder den Stickfuß ein. Legen Sie den Rahmen mit der rechten Seite nach oben unter die Nadel. Jetzt kann es losgehen.

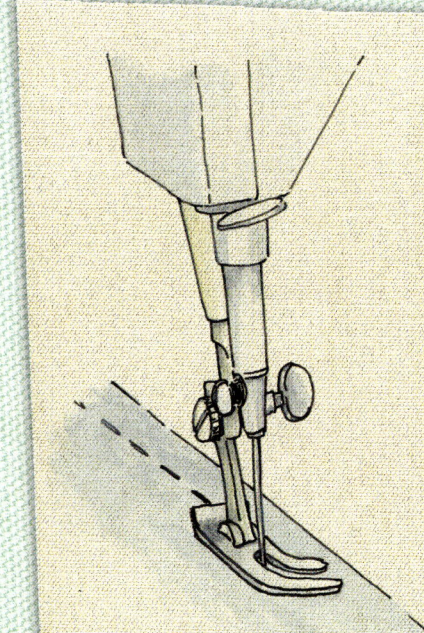

DER STOPFFUSS

Wenn Sie die freien Nähtechniken anwenden (siehe Seiten 14–29), setzen Sie den Stopffuß in die Nähmaschine ein. Er verhindert, dass der Stoff wellig wird, und schützt gleichzeitig Ihre Fingerspitzen, während Sie Ihren Stoff frei unter der Nadel führen.

Als geübte Freinäherin arbeite ich ohne den Stopffuß, wie Sie auf den Fotos sehen. Trotzdem empfehle ich ihn aus Sicherheitsgründen.

T I P P Halten Sie einen Stapel von 30 cm x 30 cm großen Quadraten aus Baumwolldrell in mittlerer Stärke zum Üben bereit. Kaufen Sie keine teuren Stoffe und zerschneiden Sie kein Kleid oder Laken. So müssen Sie nicht von Anfang an perfekt sein.

DER TRANSPORTEUR

Wenn der Transporteur hochgestellt ist, greift er den Stoff und schiebt ihn vorwärts. Ist er versenkt, kann der Stoff in jede Richtung bewegt werden.

Jede Nähmaschine ist anders. Finden Sie heraus, wie man den Transporteur versenkt, indem Sie das Handbuch studieren. Manche Maschinen haben einen Drehknopf, andere eine Schraube oder einen Hebel.

versenkter
Transporteur

13

Die Techniken

Umrisstechnik

Die Umrisstechnik ist die Basis für die freie Maschinenstickerei. Stellen Sie sich vor, Sie zeichnen mit der Nähmaschinennadel, bewegen aber statt des Bleistifts das Papier. Dies erfordert etwas Übung – erwarten Sie nicht, sofort eine Expertin zu sein. Je mehr Sie üben, desto sicherer werden Sie sich fühlen und umso schöner werden Ihre Werke.

Experimente mit der Form

Beginnen Sie mit einfachen Formen und erwarten Sie anfangs nicht zu viel. Sie werden sich nach und nach an die Technik gewöhnen. Lassen Sie zuerst die Maschine ganz von allein kritzeln und nähen Sie dann kontrolliert erkennbare, geplante Formen.

Eins Fädeln Sie den Faden in die Nähmaschine und spannen Sie den Stoff in den Stickrahmen (siehe Seiten 10 und 12). Legen Sie den Rahmen unter die Nähnadel und versenken Sie den Transporteur. Stechen Sie die Nadel in den Stoff. Stellen Sie den Geradstich ein und sorgen Sie für eine ausgeglichene Fadenspannung. Die Stichlänge ergibt sich durch die Geschwindigkeit, mit der Sie den Stickrahmen bewegen.

Zwei Fangen Sie langsam zu nähen an und kontrollieren Sie die Nähgeschwindigkeit mit dem Fußpedal. Kümmern Sie sich jetzt noch nicht um irgendwelche Formen, sondern nähen Sie krakelige Linien und kritzeln Sie, bis Sie ein Gefühl für die Maschine bekommen. Wenn Sie sich sicherer fühlen, können Sie die Nähgeschwindigkeit zu einem gleichmäßigen mittleren Tempo steigern, bis Ihre genähten Linien weich und fließend werden.

Drei Als Nächstes nähen Sie Umrisse verschiedener Formen, wie Quadrate und Kreise. Sie bekommen sehr schnell ein Gefühl dafür, wie die Maschine reagiert, und merken, dass Sie den Rahmen in jede Richtung bewegen können.

Vier Nähen Sie mehrmals um jede Kontur. Da sich die Linien unweigerlich überschneiden, werden die Nähte gleichzeitig gesichert. Zur Sicherheit können Sie zum Schluss noch einige Rückstiche nähen.

anfangs nur kritzeln

doppelte Umrisslinien sehen gut aus

Mit etwas mehr Übung werden Sie erkennbare, hübsche Formen nähen.

TIPP Haben Sie keine Angst vor Chaos! Kritzeln Sie über vorhandene Linien und noch einmal über bereits genähte Formen und spielen Sie mit den Fadenfarben. Es geht nur darum, dass Sie ein Gefühl für die Maschine bekommen, nicht um ein Meisterwerk. Noch nicht!

Fünf Versuchen Sie nun, kompliziertere Formen zu nähen, wie Herzen, Blätter und Blumen. Sie werden einige Stoffquadrate verbrauchen, aber Ihre Sicherheit wächst und Sie sind bald mit der Technik vertraut.

Vorlagen kopieren

Wenn Sie sicher geworden sind, arbeiten Sie nach einem Foto oder
einer Zeichnung. Platzieren Sie die Zeichnung an der Wand hinter der
Nähmaschine, sodass Sie sie gut im Blick haben, und nähen Sie sie nach.

Sie werden merken, dass es ähnlich wie das Zeichnen mit einem Stift ist – aber
doch etwas anders. Einen Stift können Sie vom Papier absetzen und an einer
anderen Stelle wieder ansetzen. Beim Nähen müssen Sie die Nähmaschine
anhalten, die Nadel aus der Arbeit nehmen und dann zu einem anderen
Bereich wechseln. Und anschließend müssen Sie auch noch die Fadenenden
abschneiden.

Sobald Sie sich sicher fühlen, werden Sie merken, dass es durchaus interessant aussehen kann, wenn Sie beim Wechsel zu einem anderen Bereich nicht jedes Mal absetzen. Lassen Sie eine Linie in die andere übergehen – so als ob es nicht erlaubt wäre, den Stift vom Papier abzusetzen. Sie erhalten unweigerlich eine etwas kindliche, krakelige Zeichnung. Aber genau das macht den Charme der Technik aus.

Die Linien verlaufen etwas krakelig? Keine Sorge – die Knicke und Überschneidungen verleihen Ihrer Arbeit eine einmalige Note.

PROBLEMLÖSUNGEN

Die meisten Probleme, mit denen Sie es zu tun haben werden, hängen mit der Spannung zusammen – sowohl der des Fadens als auch Ihrer eigenen. Je entspannter Sie nähen, desto leichter geht Ihnen die Arbeit von der Hand. Reinigen Sie die Maschine regelmäßig, entfernen Sie die Fusseln und ölen Sie sie.

Keine Panik! Auch wenn die Nadel bricht oder der Faden sich verheddert – Sie finden Hilfe auf den Seiten 34-35.

T I P P Halten Sie sich an einfache Formen und denken Sie daran, dass wackelige Linien in der Welt der freien Maschinenstickerei als Schönheitsideal gelten.

Schattiertechnik

Wenn Sie die Umrisstechnik beherrschen, ist das Schattieren der nächste logische Schritt. Eine Schattierung verleiht Ihrer Arbeit Oberfläche, Tiefe und Spannung – so, als würden Sie zeichnen. Indem Sie den Applikationen unterschiedliche Kontraste verleihen, haben Sie viele Gestaltungsmöglichkeiten für Ihre Projekte und können die Fadenfarben sehr wirkungsvoll „mischen". Es gibt vier verschiedene Arten, eine Schattierung zu nähen (siehe Seiten 18-21). Sobald Sie sich sicher fühlen, können Sie mit den Formen, Farben und Stichen experimentieren.

Grundtechnik des Schattierens

Mit dieser Technik können Sie größere Flächen füllen. Sie ist einfach, oft aber sehr effektvoll.

Eins Wählen Sie die Fadenfarben aus – eine für den Oberfaden und eine für den Unterfaden. Es können gleiche oder zwei verschiedene Farben sein, falls Sie etwas besonders Fröhliches ausprobieren möchten.

Zwei Spannen Sie den Stoff ein, legen Sie ihn unter die Nadel und versenken Sie den Transporteur. Senken Sie die Nadel ab und sticken Sie ein Quadrat von ca. 2,5 cm x 2,5 cm.

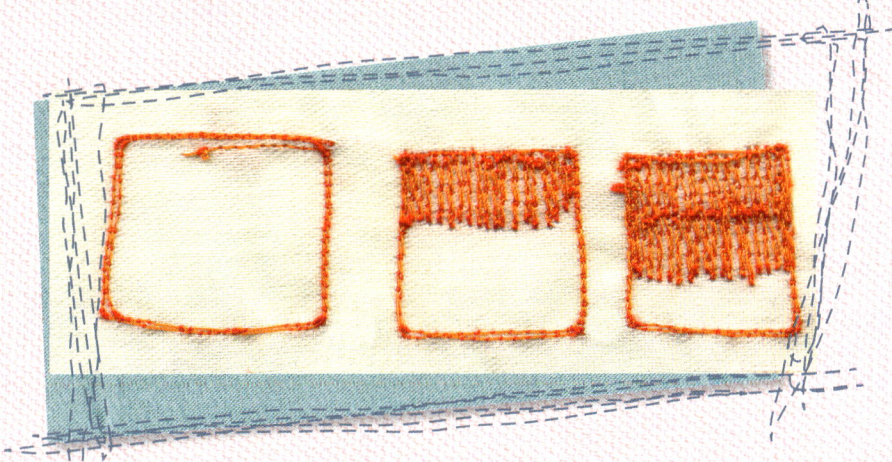

Lassen Sie die Stichreihen ein wenig überlappen, um Flächen zu füllen.

Drei Beginnen Sie langsam innerhalb des Quadrats zu nähen und bewegen Sie die Arbeit etwa 1 cm weit vor und zurück. Nähen Sie eine Reihe von Stichen quer über das Motiv. Füllen Sie so einen ganzen Bereich und lassen Sie die Stichreihen ein wenig überlappen, bis die ganze Fläche schattiert ist.

T I P P Wie beim Zeichnen sehen auch mit der Nähmaschine genähte Schattierungen besser aus, wenn alle Linien in die gleiche Richtung verlaufen.

Diese Grundtechnik wird bei allen Projekten in diesem Buch angewendet, wenn eine größere Fläche gefüllt werden soll.

Kreise schattieren

Wenn Sie ein Quadrat schattiert haben, versuchen
Sie es mit einem Kreis. Nähen Sie den Umriss
eines Kreises von ca. 2,5 cm Durchmesser. Dann
bewegen Sie die Arbeit vor und zurück, bis die
Fläche mit Stichreihen bedeckt ist.

Eine andere Möglichkeit ist, im Zentrum zu
beginnen und nach außen hin dichte, kreisförmige
Linien zu nähen – wie eine Spirale.

Nähen Sie Stichreihen oder Spiralen, einzeln oder kombiniert, für
unterschiedliche Effekte.

Hervorheben und abdunkeln

Sobald Sie die Grundtechnik beherrschen, versuchen
Sie einmal, einen Bereich des Motivs mit einer
anderen Farbe zu akzentuieren. Das geht am
einfachsten, indem Sie einen helleren Oberfaden
verwenden. Alternativ dazu können Sie auf eine Fläche
mit einem dunkleren Faden einen Schatten setzen.

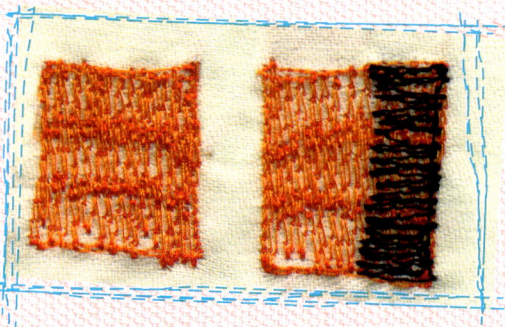

Dunkle Schatten bringen Tiefe und
Spannung, besonders wenn die Stichreihen in
entgegengesetzte Richtungen verlaufen.

Dreidimensionale Wirkung

Sie können mit der Schattiertechnik dreidimensionale Formen darstellen, genau wie beim Zeichnen. Arbeiten Sie einen Würfel oder eine Kugel und legen Sie einen Schatten darüber, um eine plastische Wirkung zu erzeugen.

T I P P Üben Sie das Schattieren zuerst mit Bleistift auf Papier und nähen Sie dann Ihre Zeichnung mit der Nähmaschine nach.

Eine an der richtigen Stelle gesetzte Schattierung lässt eine Form dreidimensional wirken.

Applikationen

Mithilfe von Applikationen können Sie ein Bild mit Stoffen anstelle von Farben malen. Wenn Sie Ihre Arbeit mehr als Zeichnung oder als Gemälde betrachten, ersetzen Sie die Farben einfach durch bunte Stoffe und interessante Stoffreste.

Für die hier beschriebenen Projekte müssen die Applikationen nicht akkurat und sauber aufgenäht sein. Hier geht es mehr um Spontaneität und darum, passende Stoffreste zu finden. Sie finden in diesem Abschnitt jede Menge offene Schnittkanten, übereinandergelagerte Schichten und viele Ideen, die Stoffe zu kombinieren. Eine solche Vielfalt konnten Sie sich bisher wahrscheinlich nicht vorstellen.

Machen Sie sich keine Sorgen, wenn es dauert, bis Sie Sicherheit gewinnen – das ist keine Technik, die man in fünf Minuten lernt.

Grundtechnik der Applikation

Zu Anfang sollten Sie einfache Übungen mit unproblematischen Stoffen nähen. Beginnen Sie mit einfachen Schablonenformen wie dem Kreis, Quadrat oder Dreieck von Seite 124, wählen Sie einen mitteldicken Baumwolldrell als Hintergrundstoff und Patchworkstoffe, Baumwollflanell oder Feincord für die Applikation.

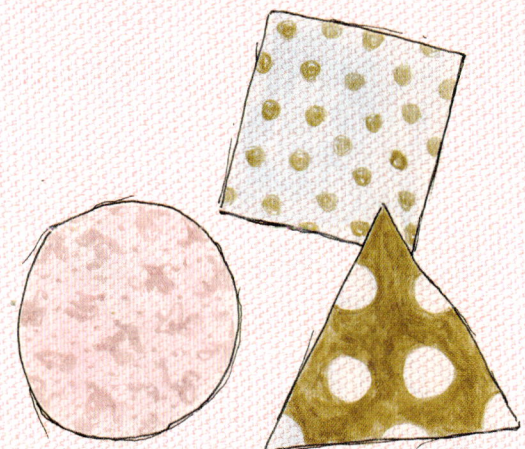

Eins Schneiden Sie verschiedene Formen aus Ihren Applikationsstoffen und benutzen Sie dafür eine scharfe Schere. Die Stoffkanten sollten nicht zu sehr ausfransen.

Zwei Legen Sie eine Form auf Ihren aufgespannten Hintergrundstoff und versenken Sie die Nadel in der oberen Ecke der Applikation. Halten Sie die Applikation mit Ihren Fingerspitzen fest, damit die Arbeit ihr reizvoll spontanes Aussehen erhält. Wenn es Ihnen ein Bedürfnis ist, die Applikation ordentlich und sauber aufzusetzen, stecken Sie sie mit einer Stecknadel fest oder arbeiten Sie mit aufbügelbarem Klebevlies.

Drei Beginnen Sie langsam um die Applikationsform zu nähen. Bewegen Sie den Rahmen und halten Sie die Applikation an ihrem Platz. Nähen Sie zwei- oder dreimal um den Umriss, damit der Stoff gut hält und nicht zu sehr ausfranst. Generell sollten Sie ein wenig innerhalb des Umrisses nähen – verwackelte Linien oder ein paar Haken wirken dabei eher vorteilhaft.

T I P P Setzen Sie Akzente mit Nählinien, indem Sie eine Garnfarbe wählen, die sich stark von den Applikationsstoffen abhebt. Ein hellrosafarbener oder grüner Faden sieht z. B. auf einem marineblauen Stoff sehr gut aus, während ein marineblauer Faden auf einem grünen oder orangefarbenen Stoff deutlich zu sehen ist.

kräftige Umrisslinien auf feinen Druckstoffen

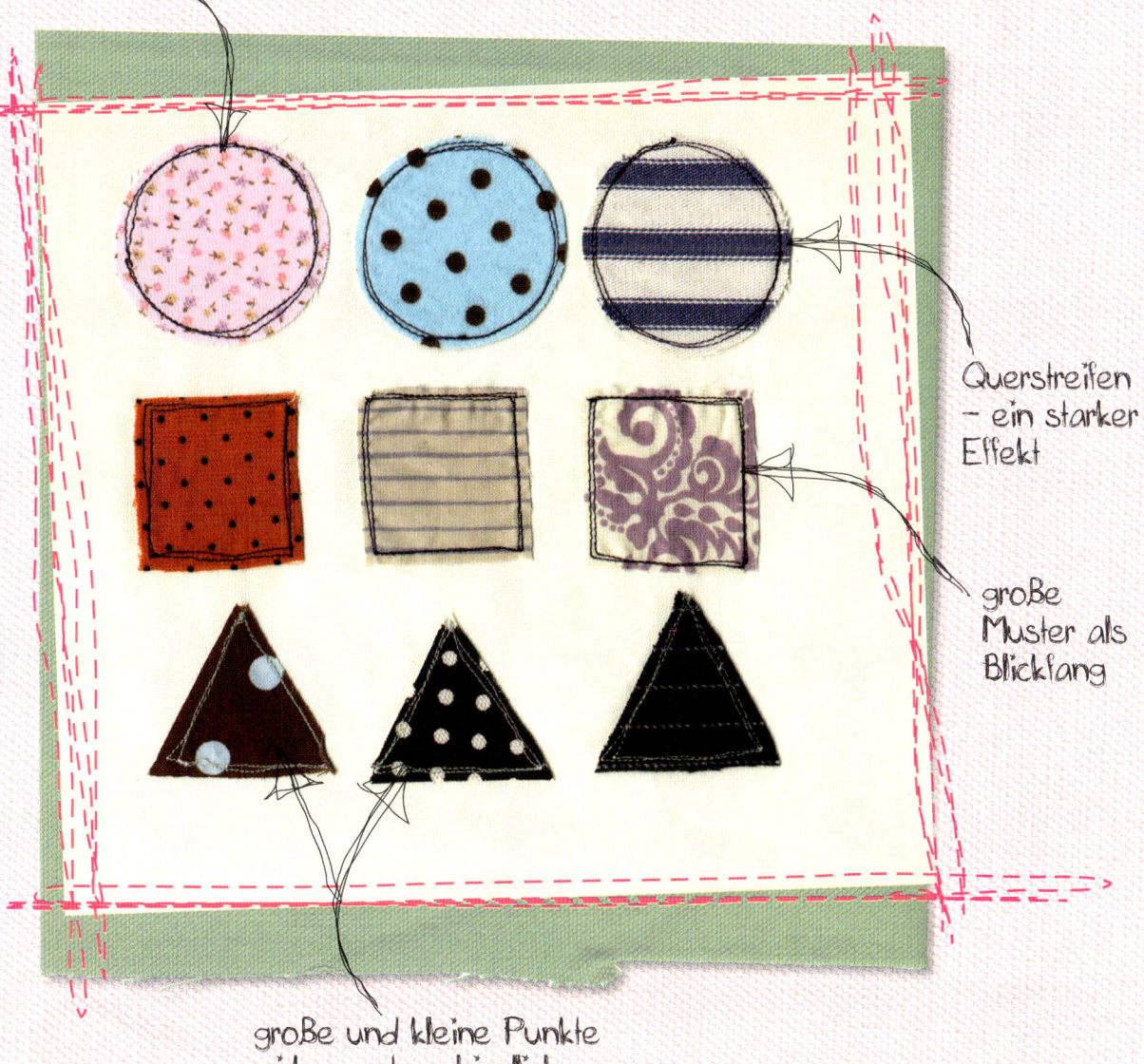

Querstreifen – ein starker Effekt

große Muster als Blickfang

große und kleine Punkte wirken unterschiedlich

Andere Applikationsformen

Sobald Sie die einfachen Umrisse beherrschen, können Sie zu schwierigeren Formen übergehen und verschiedene Stoffe verwenden.

Herzen

Ein Herz ist nicht schwer zu nähen und sieht wirklich süß aus.

hübsches Gekritzel

sichtbare Gewebefäden sorgen für Oberflächenstruktur

interessante Effekte durch den Unterfaden

mehrfache Umrisslinien

Nählinien heben die Herzform hervor

Überschneidungen sehen hübsch aus

Wählen Sie unterschiedliche Stoffe und geben Sie jedem Herzen einen eigenen Charakter.

Eins Schneiden Sie einige Herzformen aus verschiedenen rosafarbenen und roten Stoffresten aus. Verwenden Sie die Schablone von Seite 124.

Zwei Sie erzielen einen hübschen Effekt, wenn Sie die Herzen mit unterschiedlichen Garnfarben aufnähen.

T I P P Bilden Sie Gruppen aus unterschiedlich großen Herzen, die sich teilweise überschneiden. Sie können auch etwas experimentieren und den Unterfaden nach oben ziehen, indem Sie die Oberfadenspannung erhöhen.

Bunte Blumen

Diese Blumen sind etwas schwieriger auszuschneiden und zu applizieren. Aber mit etwas Übung
sind sie einfach zu nähen und sehr dekorativ.

TIPP Gruppieren Sie unterschiedlich große Blüten, die sich zum Teil überlagern,
und finden Sie spielerisch die wirkungsvollste
Anordnung, bevor Sie sie festnähen.

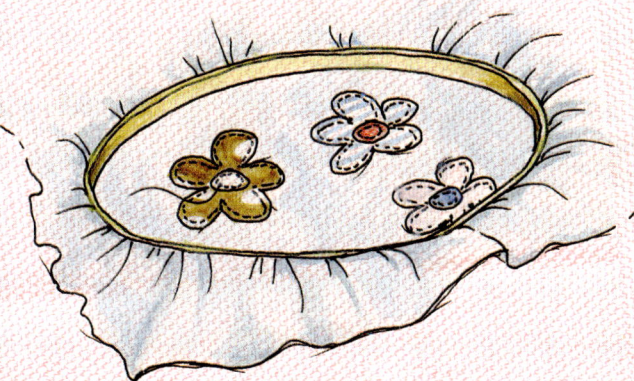

Eins Wählen Sie für jede Blüte zwei unterschiedliche Stofffarben aus und schneiden Sie sie nach der Schablone von Seite 124 aus. Wählen Sie entweder einen dunklen oder einen hellen Stoff für die Hauptblume und für den
Kreis der Blütenmitte einen deutlich kontrastierenden Stoff.

Zwei Legen Sie die Hauptblume auf den
Hintergrundstoff und dann die Blütenmitte auf die
Blüte. Sie können die Blumen in kontrastierenden
Garnfarben aufnähen: mit dunklem Garn auf dem
hellen Stoff und mit hellem Garn auf dem dunklen.

Blütenmitte passt zu den Blütenblättern

Unistoffe kontrastieren mit gemusterten Stoffen

helles Garn ist auf den Punkten nicht sichtbar

Überlagerungen müssen geplant sein

Kontrastierende Garnfarben bringen die Blütenblätter schön zur Geltung.

Sich überlagernde Applikationen

Durch Überlagerungen können Sie zwei oder drei verschiedene Stoffe gleichzeitig applizieren. Ich habe hier kleine runde Kuchen genäht. Diese Technik wird auch bei anderen Projekten in diesem Buch angewendet.

Kleine Kuchen

Diese köstlichen kleinen Kuchenapplikationen sind recht einfach, man braucht jedoch drei verschiedene Stoffe. Wählen Sie einen Unistoff für das Papierförmchen, einen anderen, stärker auffallenden Stoff für den Kuchen und dann einen Kontraststoff für die aufgesetzte Kirsche.

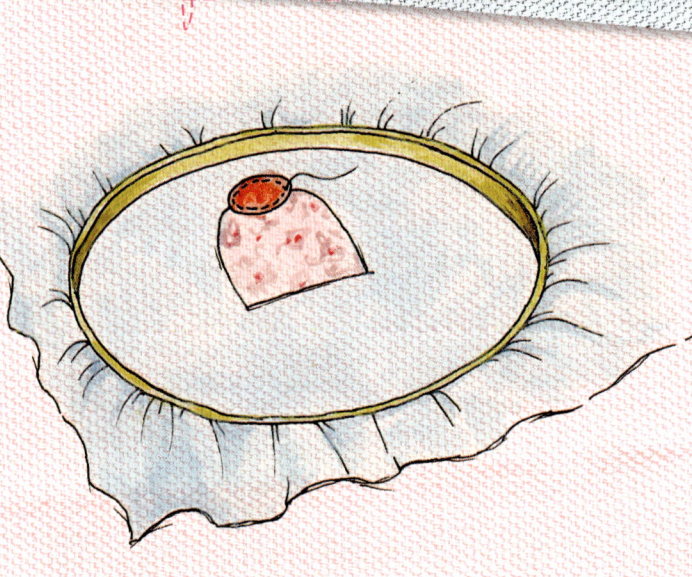

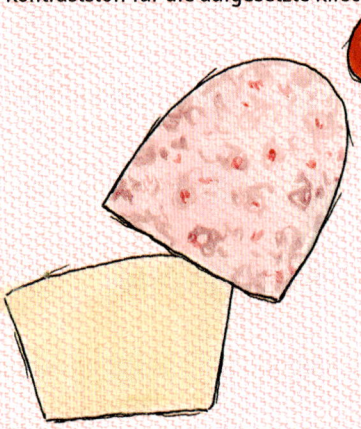

Eins Schneiden Sie die drei Formen nach den Vorlagen von Seite 124 aus.

TIPP Bevor Sie beginnen, können Sie die Stoffe feststecken, damit sie nicht verrutschen und ausreichend überlappen.

Zwei Legen Sie den Kuchenstoff auf Ihren Hintergrundstoff und platzieren Sie darauf die Kirsche. Nähen Sie zuerst die Kirsche an, denn dieses Stoffteil verrutscht sehr leicht oder fällt herunter. Halten Sie es beim Nähen fest oder benutzen Sie eine Stecknadel.

Drei Nun legen Sie den Stoff für das Papierförmchen auf und gestalten Sie die Falten mit den Nählinien.

Vier Am Schluss nähen Sie den Umriss des Kuchens in kontrastierender oder in passender Garnfarbe nach.

ungewöhnliche Stoffmuster – Blumendruck als Glasur

Nählinien bilden die Falten des Förmchens

identische Stoffe verein-heitlichen die Sammlung

Lassen Sie bei der Auswahl der Stoffe für die Glasur Ihrer Fantasie freien Lauf.

Kreative Applikationen

Wenn Sie die Übungen auf den vorangegangenen Seiten absolviert haben, fühlen Sie sich bestimmt etwas sicherer bei der Stoffauswahl, beim Ausschneiden der Formen, beim Überlagern und beim Festnähen der Applikationsteile. Die folgende Übung hilft Ihnen, Ihre Fertigkeiten zu verbessern.

Selbstbildnis

In diesem Beispiel gestalten Sie ein genähtes Selbstporträt! Es macht Spaß, denn es ist ja nur eine Übung, bei der Sie Ihre Kenntnisse anwenden können – Sie müssen nicht Leonardo da Vinci nacheifern.

Eins Es ist hilfreich, wenn Sie Ihr Porträt zuerst mit Bleistift auf Papier zeichnen. Sie können es beim Nähen als Vorlage verwenden. Beachten Sie Ihre persönlichen Merkmale, wie z. B. lockiges Haar oder eine hochgewachsene Figur.

Zwei Überlegen Sie, was Ihr liebstes oder ein für Sie besonders typisches Kleidungsstück ist. Dann durchstöbern Sie Ihre Stoffkisten und finden Sie etwas Entsprechendes. Schneiden Sie entsprechend Ihrer Skizze die verschiedenen Teile Ihrer Kleidung aus. Denken Sie daran, dass Sie die Teile überlagern können und das Hemd unter einer Jacke und ein T-Shirt über einem Rock platzieren dürfen. Eine Handtasche oder ein Hut sehen auch lustig dazu aus.

Drei Nähen Sie zum Üben zunächst auf einem Probestoff das Gesicht, das Haar, Arme, Hände, Beine und die Schuhe, bevor Sie die Kleidung ergänzen. Es macht nichts, wenn das Bild wie eine Kinderzeichnung aussieht – das macht seinen Charme aus.

Vier Sind Sie bereit? Legen Sie die Kleidungsstücke auf den Hintergrundstoff und nähen Sie sorgfältig um die Konturen: Fügen Sie im gleichen Arbeitsgang Kopf, Arme, Hände, Beine und Schuhe an. Sie können die Schuhe in Schattiertechnik (siehe Seite 18-22) farbig gestalten.

FAMILIENZUWACHS

Wenn Ihnen Ihr Selbstbildnis Spaß gemacht hat, zeichnen Sie die anderen Familienmitglieder, Ihre Freunde oder auch die Haustiere. Wenn Sie erst einmal angefangen haben, gibt es keinen Grund aufzuhören.

krakelige Stiche
für das Haar

ausge-
franste
Kanten
sind
schön

Über-
lagerung

Umriss

Stoffe, die
zu Ihrem
Stil
passen

Schattierung

Wählen Sie Stoffe, die Ihren persönlichen Stil ausdrücken.

T I P P Hier können Sie
hübsche alte Stoffe und Ihre ausrangierte
Kleidung verwenden, was wiederum eine
prima Begründung ist, um sich neue
Sachen zu kaufen.

Umgang mit Stoffkanten

Wie Sie bereits vermuten werden, bin ich kein Fan von fein säuberlichem und ordentlichem Arbeiten! Mein Ziel ist es, Ihnen die Techniken und Tricks zum freien Maschinennähen und Applizieren beizubringen, damit Sie daraus Ihren ganz persönlichen Stil entwickeln können. Sehr oft sind es gerade die Fehler, Experimente und die Abweichungen von einer Anleitung, die zu den interessantesten Ergebnissen führen.

AUSPROBIEREN!

- Verwenden Sie dicht gewebte Stoffe für feine Details wie Blütenblätter, damit diese nicht zu sehr fransen.

- Nehmen Sie locker gewebte Stoffe, wenn Sie interessante Oberflächen wünschen, wie z.B. Bäume und Büsche in einem Garten.

- Arbeiten Sie mit den Reißkanten der Stoffe, sie wirken weich und gleichmäßig.

- Schneiden Sie die Kanten nach, wenn eine Applikation zu ungenau geraten ist.

- Zupfen Sie die Kettfäden aus den Stoffkanten, um sie besonders fransig zu machen.

Bei den Projekten in diesem Buch sehen Sie jede Menge offener Stoffkanten. Ich liebe die unterschiedlichen Effekte, die sich durch die verschiedenen Stoffe ergeben. Gebürstete Baumwolle, Baumwollflanell und Filz haben ziemlich glatte Schnittkanten. Baumwollnessel, Popeline und feines Leinen fransen ein wenig aus und verleihen Ihren Arbeiten interessante Oberflächen. Möbelstoffe, Cord, Jeans und locker gewebte Stoffe haben Schnittkanten, die stark ausfransen und entsprechend ausdrucksstark wirken.

T I P P Probieren Sie verschiedene Stoffqualitäten aus – von dicht gewebten Flanellstoffen bis zu dicken Möbelstoffen –, um ein Gefühl dafür zu bekommen.

Abschließende Arbeiten

Es mag selbstverständlich klingen, aber wenn Sie auf ein Werk stolz sein möchten, müssen Sie es zum Schluss ordentlich zurechtmachen. Schneiden Sie Ihre Applikation zu und bügeln Sie sie, bevor Sie sie in ein bestimmtes Projekt einarbeiten. Wenn Sie die vollendete Arbeit auf rechts wenden, wird Sie der Anblick mit Befriedigung erfüllen. Sie werden es kaum erwarten können, das Stück zu verschenken oder es in Ihrem Haus selbst zu verwenden.

Als Erstes nehmen Sie die Arbeit aus dem Stickrahmen. Seien Sie so vorsichtig wie möglich, um den Stoff nicht zu beschädigen. Zerren Sie nicht an heraushängenden oder festklemmenden Fäden, sondern schneiden Sie sie sorgfältig ab, sodass der Rahmen leicht abgenommen werden kann.

Fäden abschneiden

Oft bildet sich auf der Rückseite oder der Vorderseite einer Arbeit ein komplettes Durcheinander von Fäden. Sie können die Fäden bereits während des Arbeitens abschneiden, doch ich halte es für einfacher, dies erst zum Schluss zu tun. Dann kann ich dichter am Stoff schneiden. Schneiden Sie die Fäden auf der Rückseite grob zurück, damit sie beim weiteren Verarbeiten nicht im Weg sind.

Bügeln

Bügeln Sie Ihre Arbeiten stets auf der Rückseite, um die Stoffe nicht zu beschädigen. Verwenden Sie so viel Dampf, wie es der Stoff verträgt, damit Sie alle Falten ausbügeln können und die Applikation flach wird.

TIPP Wenn Sie sorgfältig vorgehen, immer wieder die Fäden abschneiden, bügeln, versäubern und nicht überstürzt arbeiten und dabei Fehler machen, dann haben Sie mehr Spaß und Erfolg. Geduld ist eine Tugend!

Projekte fertigstellen

Die Anleitungen, wie die Projekte zusammengesetzt werden müssen, finden Sie auf den jeweiligen Seiten. Für immer wiederkehrende Arbeiten, wie z. B. die Montage eines Bildes oder das Nähen eines Taschenhenkels, studieren Sie die Seiten 42-47, denn diese Fertigkeiten sind für mehrere Projekte anwendbar. Damit die Arbeit professionell aussieht, schneiden Sie stets die Fäden ab und bügeln Sie die Nahtzugaben auseinander. Schließen Sie Wendeöffnungen so unsichtbar wie möglich.

Problemlöser

Die in diesem Buch beschriebenen Techniken kann man nicht über Nacht erlernen. Sie verlangen Geduld und Übung. Seien Sie also nicht entmutigt, wenn sie nicht gleich perfekt gelingen – das Wichtigste ist, dass Sie am Lernen Spaß haben und mit den Techniken spielen.

Trotzdem gibt es einige Tricks, falls Ihnen das eine oder andere Hindernis das Leben schwer macht. Die Tabelle hier nennt in Kurzform einige häufige Probleme und gibt Tipps, wie man sie am besten bewältigt.

PROBLEM	URSACHE	LÖSUNG
Die Nadel bricht	• schlechte Nadel • Fadenspannung zu hoch • mangelnde Übung	• immer die besten, möglichst biegsame Nadeln kaufen • so lange mit der Spannung spielen, bis sie stimmt; dies geht bei allen Maschinen anders • üben, üben, üben
Der Faden reißt	• schlechtes Garn • falsche Fadenspannung • Fusseln in der Maschine • Faden nicht richtig eingefädelt • Faden um die Spulenkapsel gewickelt	• immer gutes Garn verwenden • so lange an der Spannung drehen, bis sie stimmt • halten Sie die Maschine sauber und gut geölt • studieren Sie das Handbuch und fädeln Sie korrekt ein • ziehen Sie den Faden vorsichtig aus der Spulenkapsel
Der Faden verwickelt sich in der Spulenkapsel	• falsche Fadenspannung • schlechtes Garn • Unterfadenspule passt nicht • Fusseln in der Maschine	• so lange an der Spannung drehen, bis sie stimmt • immer gutes Garn verwenden • prüfen Sie, ob die Spule noch in Ordnung ist und ob sie die richtige Stärke für Ihre Maschine hat • halten Sie die Maschine sauber und gut geölt
Die Stiche sind ungleich, Stiche werden übersprungen	• Faden nicht richtig eingefädelt • Nadel falsch herum eingesetzt • falsche Fadenspannung • ungeeigneter Stoff • schlechtes Garn	• studieren Sie das Handbuch, fädeln Sie korrekt ein und setzen Sie die Nadel richtig herum ein • so lange an der Spannung drehen, bis sie stimmt • versuchen Sie es noch einmal mit einem anderen Stoff • immer gutes Garn verwenden
Der Stickrahmen hinterlässt eine starke Falte im Stoff	• der Rahmen sitzt zu eng • ungeeigneter Stoff	• der Stickrahmen soll den Stoff zwar festhalten, aber ohne dass Sie die beiden Rahmenteile mit Gewalt ineinanderpressen • versuchen Sie es mit einem anderen Stoff

SO HABEN SIE FREUDE AM FREIEN MASCHINENSTICKEN

- Entspannen Sie sich! Alles geht besser, wenn Sie mit der Welt und mit Ihrer Nähmaschine zufrieden sind.

- Setzen Sie sich auf einen bequemen Stuhl und nehmen Sie eine gute Arbeitshaltung ein.

- Lassen Sie sich von Ihrer Umgebung inspirieren – Ihr Arbeitszimmer soll Ihr Heiligtum sein.

- Lassen Sie sich von Ihrem Material inspirieren – gönnen Sie sich die entzückendsten Stoffe, bei denen Sie es kaum erwarten können anzufangen.

- Fügen Sie etwas Persönliches hinzu, das Ihnen etwas bedeutet – das alte Lieblings-T-Shirt oder einen besonderen Knopf.

- Es lohnt sich immer, Geld für gutes Material auszugeben. Billiges Werkzeug geht schnell kaputt, verdirbt Ihre Näharbeit und macht Ihnen das Leben unnötig schwer.

- Wenn alles schiefgeht, sollten Sie eine Pause machen. Nach einer Tasse Kaffee und etwas Kuchen sieht die Sache gleich besser aus.

- Lassen Sie sich von anderen Künstlern inspirieren – stöbern Sie im Internet, besuchen Sie Galerien und Kunsthandwerkermärkte und blättern Sie in schönen Handarbeitsheften.

- Halten Sie die Entwürfe einfach und schlicht – in der Kürze liegt die Würze.

- Seien Sie sich bewusst, wie gut Sie sind und wie beeindruckt Ihre Freunde von Ihren selbst gemachten Dingen sein werden.

Stoffe

Wahl der Stoffe

Stoffe auszuwählen ist wahrscheinlich die beste Motivation, um mit dem Nähen loszulegen.

Bevor Sie sich festlegen und in den Stoff schneiden, sollten Sie nicht vergessen, dass es noch mehr zu bedenken gibt. Lesen Sie dazu die unten stehende Liste. Und denken Sie an die goldene Regel – nehmen Sie immer das Beste, was Sie sich leisten können.

Ungeachtet Ihrer persönlichen Bedürfnisse und Vorlieben, ist es immer gut, viele Stoffreste zu sammeln und einen interessanten Stoffladen in der Nähe zu haben, damit Sie stets aus dem Vollen schöpfen können.

FINDEN SIE DEN RICHTIGEN STOFF

- Ist der Stoff für den Hintergrund, für die Applikation oder für andere Teile des Projekts vorgesehen? Je nach Verwendungszweck müssen Sie vielleicht verschiedene Stoffqualitäten auswählen.

- Muss die Arbeit gewaschen werden? Waschen Sie ein Stück Stoff und prüfen Sie, ob es farbecht ist, nicht schrumpft und ob es sich gut bügeln lässt.

- Muss die Arbeit viel aushalten? Dann eignet sich ein strapazierfähiger Stoff am besten.

- Wird es ein Bild oder eine Grußkarte? Hier sind feine und zarte Stoffe besser geeignet.

Hintergrundstoffe

Diese Stoffe sind in der Regel unifarben und von mittlerer bis schwerer Qualität. Naturfasern wie Baumwolle, Leinen und Wolle sind sehr gute Hintergrundstoffe, da sie einen stabilen Untergrund bilden. Sie finden sie am ehesten bei den Möbelstoffen.

Projektstoffe

Wählen Sie den für das Projekt passenden Stoff. Bei einer Abendtasche z. B. wirken helle, luxuriöse Stoffen sehr edel. Für eine Einkaufstasche dagegen ist ein stabiler und robuster Stoff von mittlerer bis schwerer Qualität, wie z. B. Baumwolle, Leinen, Cord und Tweed, besser geeignet. Trotzdem darf der Stoff nicht zu dick sein, damit die Nähte nicht wulstig werden. Sie können natürlich auch mit Farben spielen und einen Stoff wählen, der sich stark vom Hintergrundstoff abhebt.

T I P P Um mich von meinen Stoffen inspirieren zu lassen, teile ich sie in drei Gruppen ein. Winzige, kostbare Reste für die Details in meinen Projekten, kleine Stücke für die Applikationen, sortiert nach Punkte-, Streifen-, Blumen- und Unistoffen, sowie wunderbare Stapel von größeren Hintergrundstoffen, nach Farben sortiert.

Applikationsstoffe

Das macht Ihnen bestimmt am meisten Spaß:
Suchen Sie all Ihre alten Stoffreste zusammen,
zerschneiden Sie ausrangierte Kleidungsstücke
und sammeln Sie Stoffstücke von Freunden und
Verwandten. Wenn Sie alte und gebrauchte
Stoffe verwenden, wird Ihr Werk viel
persönlicher und einmaliger. Natürlich können
Sie auch kleine Mengen von neuen Stoffen
kaufen. Die meisten Patchworkstoffe und viele
Kleiderstoffe eignen sich perfekt.

Am besten geeignet sind mitteldicke
Naturfaserstoffe. Synthetische Stoffe
können beim Nähen ausleiern oder
beim Bügeln schmelzen. Ist der Stoff zu
durchsichtig, schimmert vielleicht zu viel vom
Hintergrundstoff durch, was der Wirkung
schadet. Zu dicke oder stark fusselnde Stoffe
sind schwer zu verarbeiten.

Testen Sie, ob der Stoff ausfranst. Ein bisschen kann hübsch aussehen (siehe Seite 30), aber wenn der Stoff zu stark franst, können Sie ihn nicht mehr verarbeiten. Beziehen Sie auch die Größe des Druckmusters in Ihre Planung mit ein. Große Muster sind für die Applikationsteile nicht gut geeignet, wählen Sie besser klein gemusterte Stoffe.

Eine Sammlung aufzubauen macht Spaß. Wenn es möglich ist, bewahren Sie Ihre Stoffe an einem Ort auf, an dem Sie sie stets sehen können. Ich weiß, dass meine Inspirationen von meinen Stoffen ausgehen und dass sie mich immer wieder zum Nähen anregen. Ich hoffe es geht Ihnen genauso. Auf zur Stoffjagd!

T I P P Verbreiten Sie die Nachricht, dass Sie gerade eine Stoffsammlung aufbauen, und Sie werden staunen, wie viele Stoffstücke den Weg zu Ihnen finden – nicht alle werden brauchbar sein, aber es sind garantiert einige Kostbarkeiten dabei. Lassen Sie es auch Ihren Stoffladen wissen. Oft verkauft man dort stapelweise Reststoffe zu akzeptablen Preisen.

Projekte

Wenn bisher alles nach Plan gelaufen ist, sind Sie jetzt ganz entspannt, haben Vertrauen in Ihre Fähigkeiten beim Maschinensticken und sind glücklich beim Auswählen der Applikationsstoffe. Hier kommt der Teil des Buches, in dem Sie Ihre Kenntnisse anwenden können. Nähen Sie schöne Projekte für sich selbst, für Ihr Heim und für Ihre Freunde.

Projekte gestalten

Haben Sie eine schöne Applikation gearbeitet, dann möchten Sie sie sicher für ein Projekt verwenden, das ebenso professionell aussieht. Folgen Sie den Anweisungen, damit auch die Details gelingen. Als Abschluss können Sie die Arbeit signieren oder mit einem hübschen Etikett versehen.

Schablonen benutzen

Alle Schablonen, die Sie brauchen werden, finden Sie auf den Seiten 124-127. Dort gibt es auch viele Ideen für Applikationsmotive. Manche Vorlagen müssen Sie vergrößern. Dies geht am besten mit einem Kopiergerät, doch wenn Sie keines haben, können Sie die Vergrößerungen auch mit Papier, Bleistift und Lineal anfertigen.

Eins   Pausen Sie die gewünschte Schablone aus dem Buch ab und zeichnen Sie ein Quadrat oder ein Rechteck rundum. Teilen Sie die Außenkanten in gleich große Abschnitte ein und zeichnen Sie ein Raster über die Schablone.

Zwei   Zeichnen Sie ein anderes Quadrat oder Rechteck auf ein weiteres Stück Papier. Zeichnen Sie es um so viel größer wie gewünscht. Teilen Sie die Außenkanten des größeren Quadrats oder Rechtecks in gleich viele Abschnitte wie auf der kleineren Schablone.

Drei   Übertragen Sie die Schablonenform vom kleinen auf das große Raster. Ziehen Sie fließende, weiche Linien. Die größere Version ist Ihre Schablone.

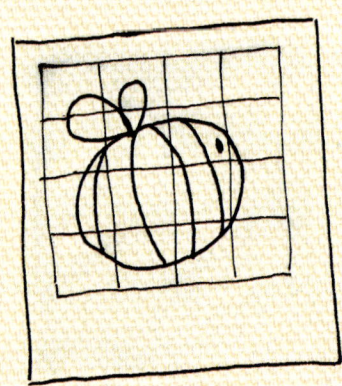

Nahtzugaben

Alle Projekte werden mit einer Nahtzugabe von 1 cm genäht. Dies ist bei den Schablonen bereits berücksichtigt. Das gilt natürlich nicht für die Applikationsformen, denn diese werden ohne Nahtzugaben zugeschnitten.

Stickerei auf einen Karton spannen

Die wahrscheinlich einfachste Art der Präsentation einer schönen Applikation ist, sie als Bild zu rahmen (siehe Seite 54-59). Wählen Sie einen guten, mitteldicken, weißen Karton, z. B. Bristol-Karton, damit Ihr Werk sich nicht beult.

Eins Schneiden Sie alle Fadenenden ab und bügeln Sie Ihre Arbeit. Schneiden Sie den Karton so groß zu, dass er den Ausschnitt des Rahmens füllt, aber noch Platz für den Stoff lässt.

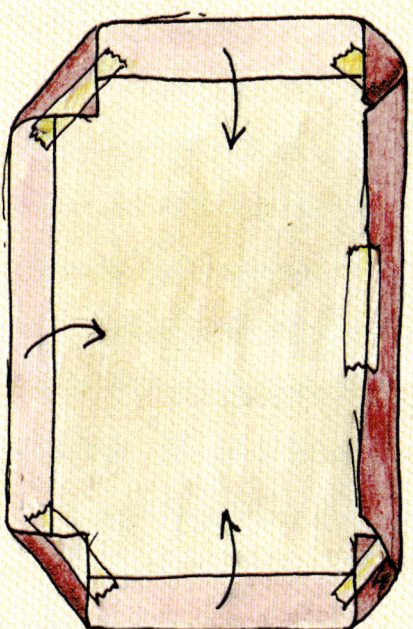

Zwei Vergewissern Sie sich, dass der Stoff absolut trocken ist. Legen Sie ihn mit der rechten Seite nach unten auf eine glatte Unterlage. Markieren Sie die Mittelpunkte an allen Stoffkanten und an allen Kanten des Kartons. Legen Sie den Karton mittig auf die Stoffrückseite, sodass alle Markierungen übereinanderliegen.

Drei Falten Sie die Ecken des Stoffes über die Ecken des Kartons und befestigen Sie sie mit etwas Klebeband. Dann schlagen Sie die Stoffkanten über die Kanten des Kartons und befestigen Sie den Stoff auch hier mit Klebeband. Achten Sie darauf, dass der Stoff auf der Vorderseite glatt und straff ist.

Vier Prüfen Sie die Vorderseite des Bildes. Wählen Sie ein Passepartout, wenn gewünscht, und setzen Sie das Bild in den Rahmen ein.

T I P P Ziehen Sie das Bild nicht zu stramm, damit sich der Karton nicht biegt.

Ecken abschneiden

Wenn Sie viele Stofflagen haben, können die Nähte dick werden, besonders an den Ecken. Die hier beschriebene Technik reduziert dicke Nähte schnell und einfach. So werden Projekte, wie z. B. Kissen, viel weicher und kuscheliger.

Sobald die Naht genäht ist, schneiden Sie mit einer scharfen Schere die Nahtzugaben an der Ecke diagonal im 45°-Winkel ab. Schneiden Sie nah an die Stichlinie heran, aber nicht so nahe, dass der Stoff ausfranst, sobald die Arbeit auf rechts gewendet wird.

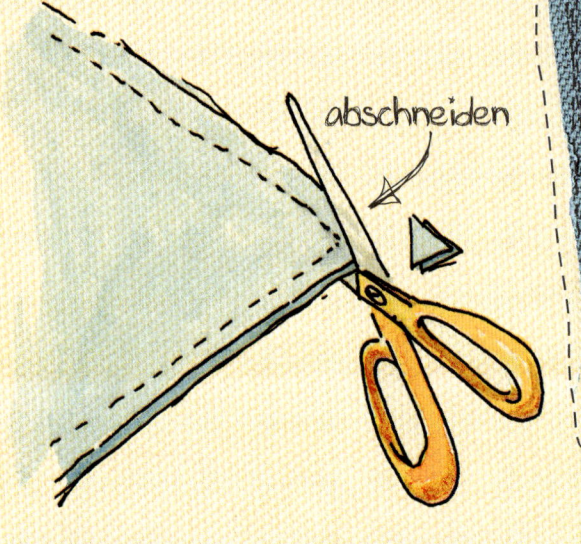

abschneiden

Diagonale Ecken

Die Picknickdecke und die dazu passenden Servietten (siehe Seiten 100-105) haben kontrastfarbene Randbordüren, die das fertige Projekt vorteilhaft betonen.

T I P P Wenn Sie die Arbeit auf rechts wenden, drücken Sie alle Ecken vollständig heraus. Sie können dies mit dem Finger, der Scherenspitze, einem Pinselstiel oder einem anderen stumpfen Gegenstand tun, mit dem Sie von innen in die Spitze bohren können.

Eins Nähen Sie die Randbordüren bis an die Ecken des Mittelteiles an. Nähen Sie aber nur bis an den Eckpunkt, an dem die beiden Nählinien aufeinandertreffen. Die Enden der Randbordüren müssen mindestens so weit über die Ecken hinausragen, wie die Bordüre breit ist.

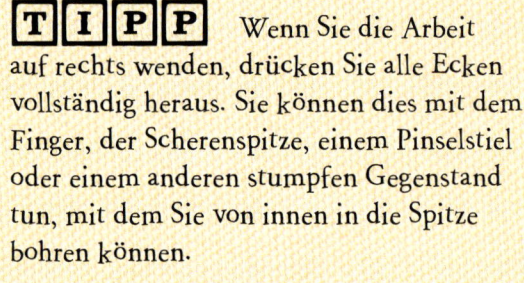

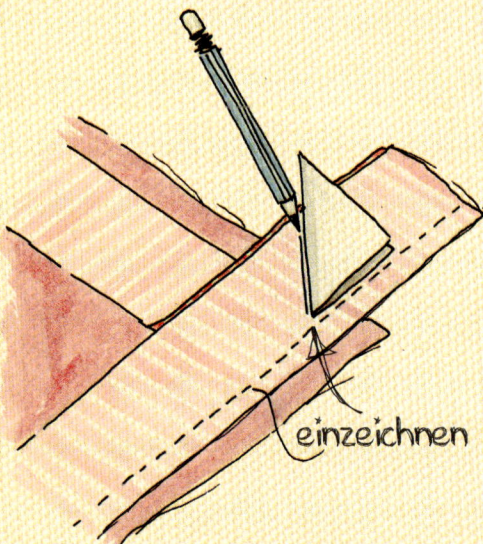

einzeichnen

Zwei Falten Sie einen der überstehenden Randstreifen, der noch rechts auf rechts auf dem Mittelteil liegt, im 45°-Winkel nach außen. Legen Sie das Ende des anderen Randstreifens rechts auf rechts kantenbündig darauf. Zeichnen Sie eine diagonale Nählinie auf. Sie beginnt am Eckpunkt der Nählinie und führt im 45°-Winkel nach außen. Markieren und stecken Sie alle vier Ecken auf diese Weise.

Drei Nähen Sie alle vier diagonalen Ecken und enden Sie jeweils an dem Punkt, an dem die vorherigen Nählinien zusammenlaufen. Schneiden Sie die überstehenden Enden der diagonalen Naht ab. Falten Sie die Randbordüren nach außen und bügeln Sie alle Nähte.

T I P P Diese Technik verlangt etwas Übung. Beginnen Sie also mit etwas weniger teuren Stoffen, bis Sie die diagonalen Ecken beherrschen.

Stoffschlaufen

Kleine Schlaufen aus Stoff sind oft ausgesprochen nützlich. Sie brauchen kein Band zu kaufen, denn Sie können sie aus kleinen Stoffresten selbst herstellen. Man kann daran Projekte aufhängen, wie die Eierwärmer von Seite 72-79, und sie dienen als Verschlussschlaufen für große Knöpfe.

Eins Schneiden Sie ein etwa 5 cm langes Stück Stoff zu, die Breite können Sie dem geplanten Projekt oder dem Knopf anpassen. Falten Sie den Stoff links auf links der Länge nach zur Mitte und bügeln Sie ihn.

Zwei Falten Sie den Streifen auf und klappen Sie beide Längskanten links auf links zur gebügelten Mittellinie. Bügeln Sie beide gefalteten Kanten.

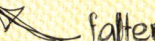

falten

Drei Falten Sie den Streifen wieder entlang der ersten Mittellinie, sodass die offenen Stoffkanten umschlossen sind. Nähen Sie knappkantig an beiden Kanten entlang.

T I P P Nähen Sie einen sehr langen Streifen auf diese Art und schneiden Sie davon jeweils so viel ab, wie Sie aktuell benötigen. So brauchen Sie sich wegen einer einzigen Schlaufe nicht mit winzigen Stoffteilen abzumühen.

Träger und Griffe

Ein fester, stabiler Griff ist für den Türstopper (siehe Seiten 106-111) sehr wichtig, doch können Sie diese Methode auch für die Henkel anderer Projekte anwenden, wie z. B. bei Ihrer Einkaufstasche (siehe Seiten 80-85). Verwenden Sie robusten Stoff, der aber nicht zu dick sein darf. Da der Träger mehrmals gefaltet wird, kann er zu voluminös werden und dadurch unbequem zu tragen sein.

Eins Schneiden Sie einen Stoffstreifen für den Griff zu. Für den Türstopper wäre es z. B. ein Streifen von 20 cm x 7,5 cm, für andere Projekte gleichen Sie die Maße entsprechend an.

Zwei Falten und bügeln Sie die Enden des Streifens zur linken Stoffseite hin. Dann legen Sie den Streifen der Länge nach links auf links zweimal zusammen, wie bei den Stoffschlaufen beschrieben (siehe Seiten 45-46).

Drei Nähen Sie um alle vier Kanten des Stoffstreifens. Befestigen Sie die Enden des Griffs oder des Trägers am Projekt, indem Sie zuerst ein Quadrat und darin zweimal diagonal kreuzförmig hin- und hernähen.

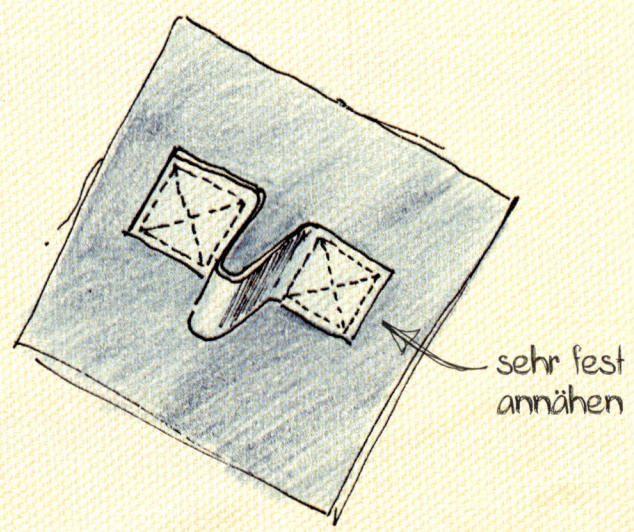

sehr fest annähen

Ihre persönliche Signatur

Ihre Arbeiten sind natürlich bereits einmalig und persönlich, doch können Sie noch eine Besonderheit anfügen, z. B. ein kleines Motiv oder Ihre Signatur auf der Rückseite. Dies mit der Nähmaschine zu tun, scheint schwierig zu sein, aber: Übung macht den Meister.

Ich selbst signiere alles, was ich nähe, und meine Unterschrift war anfangs noch sehr wackelig – trotzdem sieht sie sehr spontan aus und das macht ihren Charme aus. Wenn Sie das Schreiben mit der Nähmaschine allzu schwierig finden, können Sie ein kleines Motiv aufnähen, wie z. B. eine kleine Blume oder ein Smiley.

Anhänge-Etikett

Verwenden Sie einen Karton von guter Qualität und ein farbiges Bändchen und stellen Sie Ihre eigenen, einmaligen Anhänger her. Sie können das Motiv auf Ihrem Computer entwerfen, jedes einzeln von Hand zeichnen oder mithilfe eines Fotokopierers auf Karton übertragen. Oder Sie kaufen Geschenkanhänger ohne Aufdruck, die Sie zu Ihrem Etikett umwandeln.

47

Ganz spezielle Grußkarten

Natürlich können Sie in den Geschäften alle Arten von fertigen Grußkarten kaufen, aber selbst gemachte Karten sind und bleiben etwas ganz Spezielles. Wir leben in einer Zeit, in der viel zu viel weggeworfen wird, und so wird es besonders geschätzt, wenn jemand mit Zeit, Sorgfalt und Hingabe selbst etwas herstellt – und meist ist das Ergebnis schöner als alles, was man in den Verkaufsregalen findet.

Diese Karten wirken aufwendiger, als sie in Wirklichkeit sind! Wählen Sie dünne Stoffe in hübschen Farben und Mustern, die gut zusammenpassen. Denken Sie auch daran, etwas Persönliches anzufügen – Sie können prachtvolle Knöpfe aufnähen oder einen Stoff verwenden, der einen Bezug zum Adressaten hat.

Alles Gute... ich denke an dich...

Sie brauchen...

- mittleren oder leichten Hintergrundstoff
- Stoffe für die Applikationen
- Garn in verschiedenen Farben
- mitteldicken Karton von guter Qualität

Eins Schneiden Sie die Grußkarte mithilfe eines Grafikmessers und einer Schneidematte in der benötigten Größe zu. Denken Sie daran, dass die Karte nach dem Benähen etwas größer sein wird als der Zuschnitt. Ritzen Sie die Karte an der Mittellinie ein und falten Sie sie. Schneiden und falten Sie eine zweite Karte, die rundum ein wenig kleiner ist. Dies wird die Innenseite Ihrer Grußkarte.

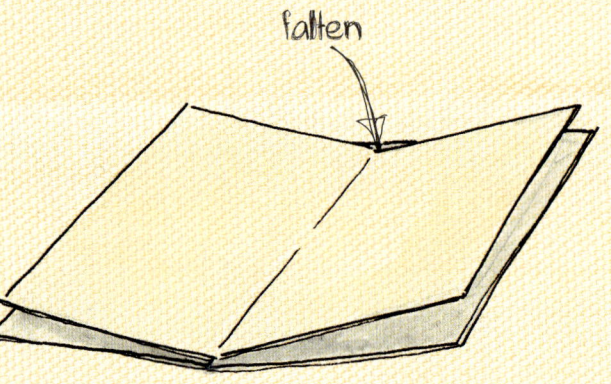

falten

Zwei Legen Sie das große Stück Karton auf die linke Seite des gewählten Hintergrundstoffes und zeichnen Sie den Umriss auf. Geben Sie an allen Seiten 2,5 cm Stoff zu und schneiden Sie ihn aus. Markieren Sie die Mittellinie mit einem Stift.

2,5 cm

2,5 cm

auf- zeichnen

Drei Nun können Sie Ihre Karte dekorieren. Für das Schmetterlingsmuster nähen Sie zuerst im unteren Bereich des Hintergrundes einen farbstarken Querstreifen mit Geradstich auf. Verwenden Sie die Vorlagen am Ende dieses Buches und schneiden Sie die Applikationsformen aus den entsprechenden Stoffen aus (Schmetterlingsvorlage auf Seite 124). Zeichnen Sie die Linien auf die linke Stoffseite, damit die Motive später richtig herum liegen.

T I P P Da Ihre Grußkarten nicht gewaschen und wenig angefasst werden, dürfen Sie hier empfindliche Stoffe verwenden. Selbst stark fransende Stoffe sind kein Problem.

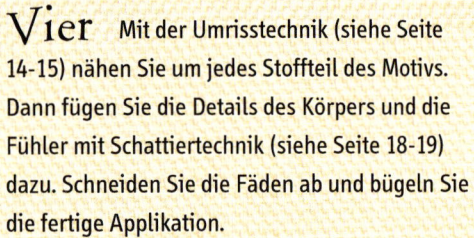

Vier Mit der Umrisstechnik (siehe Seite 14-15) nähen Sie um jedes Stoffteil des Motivs. Dann fügen Sie die Details des Körpers und die Fühler mit Schattiertechnik (siehe Seite 18-19) dazu. Schneiden Sie die Fäden ab und bügeln Sie die fertige Applikation.

Fünf Legen Sie den applizierten Stoff mit der rechten Seite nach unten und platzieren Sie die größere Karte mittig darauf. Mit dem Bügeleisen, dessen Temperatur für die Karte etwas kühler eingestellt ist, bügeln Sie zuerst die Ecken und dann die Kanten des Stoffes eng um die Kanten der Karte.

TIPP Beim Zusammennähen der beiden Kartenteile ergeben unterschiedliche Farben von Ober- und Unterfaden einen besonders interessanten Effekt.

Sechs Legen Sie nun das kleinere Stück der Karte mittig auf die bisher gearbeitete Einheit, sodass die umgebügelten Stoffkanten verdeckt sind. Nähen Sie nun sorgfältig entlang der Kante der inneren Karte. Achten Sie auf einen gleichmäßigen Abstand zur Kante, damit die Stiche auf der Vorderseite der Grußkarte ordentlich aussehen.

MARGERITEN

Die Margeritenkarte präsentiert Ihre Stickerei auf besonders reizvolle Art. Die Blümchen sehen aufwendig aus, sind aber ganz einfach zu nähen. Zuerst nähen Sie einmal um die gelbe Mitte und dann arbeiten Sie längliche Bögen für die Blütenblätter. Es macht nichts, wenn die Blütenblätter ungleichmäßig werden oder sich überlappen. Sie können die Stiele entweder frei sticken oder Sie tauschen den Nähmaschinenfuß aus und wenden den Geradstich an. Die kleine Hummel entsteht aus gelbem Stoff, mit dunkler Schattierung für die Streifen und blasser Schattierung für die Flügel.

PROFESSIONELL

Nähen Sie zusätzliche Details, wie eine Signatur oder ein kleines Motiv, auf die Karten-rückseite. Das überrascht und begeistert.

53

Bezauberndes Bild

Wie oft standen Sie schon vor einem Kunstwerk und dachten „das kann ich auch" oder „das möchte ich auch können"? Nun gibt es keine Ausrede mehr: Die Schritt-für-Schritt-Anleitungen auf den folgenden Seiten erläutern alle Techniken und Projekte, sodass Sie in der Lage sind, eigene kleine Meisterwerke herzustellen.

Wir beginnen mit einfachen Motiven, damit Sie mit der Näharbeit vertraut werden und Sie den Künstler in sich wecken können. Sobald Sie Ihre Maschine beherrschen, sind Ihrer Kreativität keine Grenzen mehr gesetzt. Greifen Sie die Vorschläge auf und spielen Sie mit ihnen, fügen Sie eigene Ideen hinzu und schmücken Sie Ihre Kunstwerke mit zauberhaften Rahmen.

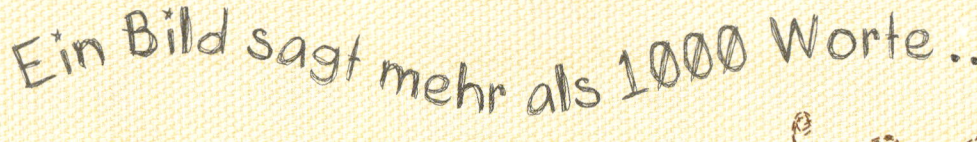

Ein Bild sagt mehr als 1000 Worte ...

Sie brauchen...

- Hintergrundstoff
- Stoffe für die Applikationen
- Garn in verschiedenen Farben
- Karton von guter Qualität
- Klebefilm
- Passepartout (wenn gewünscht)
- Bilderrahmen in passender Größe

Eins Schneiden Sie den Karton so groß zu, dass er in den Bilderrahmen passt, und den Hintergrundstoff so groß, dass er rundum mindestens 2,5 cm größer ist. Wählen Sie ein Applikationsmotiv und beginnen Sie mit etwas Einfachem. Beachten Sie, dass das Motiv in den Stickrahmen und in den gewählten Bilderrahmen passen muss.

T I P P Geben Sie dem Bild Ihre persönliche Note, indem Sie Stoffe Ihrer alten Lieblingskleidung verwenden oder Fotos mit einarbeiten. Da die Bilder niemals in die Waschmaschine müssen, können Sie alles benutzen, was Ihnen Spaß macht.

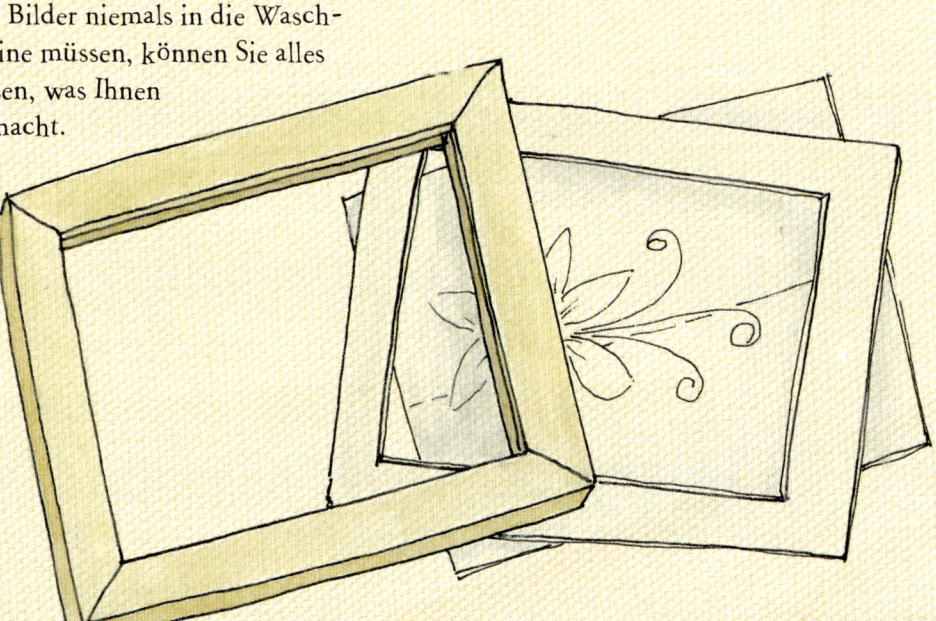

INSPIRATION

Das Entwerfen von Applikationsvorlagen ist nicht kompliziert, denn Ideen und Inspirationen finden sich überall. Diese süße Hummel ist wirklich sehr einfach herzustellen; Stoffauswahl und -anordnung sind kein Problem. Suchen Sie in Kinderbüchern, auf Grußkarten, in Zeitschriften oder im Internet nach Motiven, die Ihnen gefallen. Sie können ein Ideenbuch anlegen, in das Sie alle Muster und Abbildungen einkleben, die Sie inspirieren. Oder machen Sie es wie ich: Stecken Sie sämtliche Bilder an eine große Entwurfswand in Ihrem Werkraum. So werden Sie bei der Arbeit immer wieder aufs Neue inspiriert.

Zwei Schneiden Sie die Stoffteile für Ihre Applikation zu. Für das Lilienbild wählte ich einen Blumenstoff, der die untere Hälfte des Hintergrundes bedeckt und eine Sommerwiese darstellen soll. Die Vorlagen für die Lilienblätter finden Sie auf Seite 125. Erlauben Sie sich den Spaß, die fünf Blütenblätter aus einem knallbunten Stoff auszuschneiden.

Drei Beginnen Sie mit dem Stoffstreifen auf der unteren Hälfte des Bildes und nähen Sie ihn mit Geradstich auf. Experimentieren Sie mit der Position der Blume und umnähen Sie die Konturen zwei- bis dreimal (siehe Seite 14-15). Verwenden Sie einen kontrastfarbenen Faden. Schattieren Sie die Blütenmitte (siehe Seite 18-19). Fügen Sie die Staubgefäße und den Stempel hinzu und nähen Sie die Konturen mit der Umrisstechnik in einer Garnfarbe, die sich deutlich vom Hintergrundstoff abhebt. Dann schattieren Sie die Staubgefäße mit einem schönen, kontrastierenden Garn.

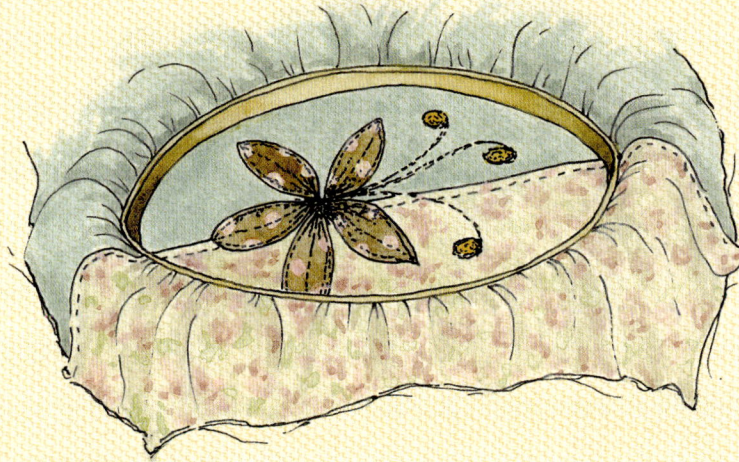

TIPP Manche Leute präsentieren die Bilder gerne hinter Glas, weil sie so besser geschützt sind. Textilien sind aber so angenehm anzufassen, dass Sie vielleicht das Glas weglassen möchten. Dann können Sie auch plastische Verzierungen aufnähen, wie Knöpfe, Perlen und kleine Andenken.

Vier Wenn die Applikation fertiggestellt ist, schneiden Sie die Fäden ab und bügeln den Stoff. Spannen Sie das fertige Bild sauber über den Karton (siehe Seite 43). Montieren Sie den Rahmen, schlagen Sie einen Bilderhaken in die Wand – lehnen Sie sich zurück und freuen Sie sich an Ihrem Werk.

WO MEIN HERZ IST, BIN ICH ZU HAUSE

Ihre Bilder können von vielem inspiriert sein. So könnte Ihr Haus oder Ihr Traumhaus aussehen! Machen Sie sich Notizen oder eine Skizze von dem, was daran typisch ist: hübsche Sprossenfenster, eine rote Haustür, ein besonderer Türklopfer – all das macht Ihr Haus aus. Komponieren Sie das Bild und fügen Sie genähte Details auf die Stoffe, die die verschiedenen Teile des Hauses darstellen – so lange, bis Sie zufrieden sind.

Umschlag für die Urlaubslektüre

Diese Buchhülle wurde speziell für jene Erwachsenen entwickelt, die im Zug Harry Potter lesen und dabei nicht erwischt werden möchten. Eine hübsche, selbst gemachte Hülle bringt die Leute dazu, mehr auf das interessante Design zu achten, als über Ihre Lektüre zu rätseln. Wenn es weniger geheimnisvoll sein darf, arbeiten Sie ein Erinnerungsfoto mit ein oder wählen ein zu einem Tage- oder Notizbuch passendes Motiv. Das ist das perfekte Geschenk für jemanden, der Ihre Arbeit zu schätzen weiß.

Ihre Buchhülle könnte von einem Urlaubserlebnis inspiriert sein, von einem guten Freund oder sogar von einem Haustier. Haben Sie die Grundform erarbeitet, können Sie auch ein hübsches Babybuch oder ein Hochzeitsalbum für Ihre Erinnerungsfotos daraus machen.

das Buch unter der Bettdecke... Erinnerung an schöne Zeiten

Sie brauchen…

- Hintergrundstoff
  (rundum 2,5 cm größer als das Buch)
- Stoff für das Innenfutter
  (gleiche Größe wie oben)
- Stoffe für die Applikationen
- Buch oder Album, für das die Hülle
  vorgesehen ist
- Garn in verschiedenen Farben

Eins Messen Sie die Höhe des Buches, das Sie überziehen möchten, und dann die Breite von der vorderen Kante über den Rücken bis zur hinteren Kante. Schneiden Sie nach diesen Maßen eine Schablone aus Karton.

Zwei Geben Sie rundum 2,5 cm Nahtzugabe an allen Kanten der Schablone dazu sowie je eine halbe Buchbreite an den kurzen Enden für die Taschen, in die der Buchdeckel geschoben wird. Schneiden Sie sorgfältig entlang der aufgezeichneten inneren und äußeren Linien.

schneiden

Drei Schneiden Sie entlang der Außenkante der Schablone ein Rechteck aus Hintergrundstoff zu und ein ebenso großes Stück Stoff für das Innenfutter.

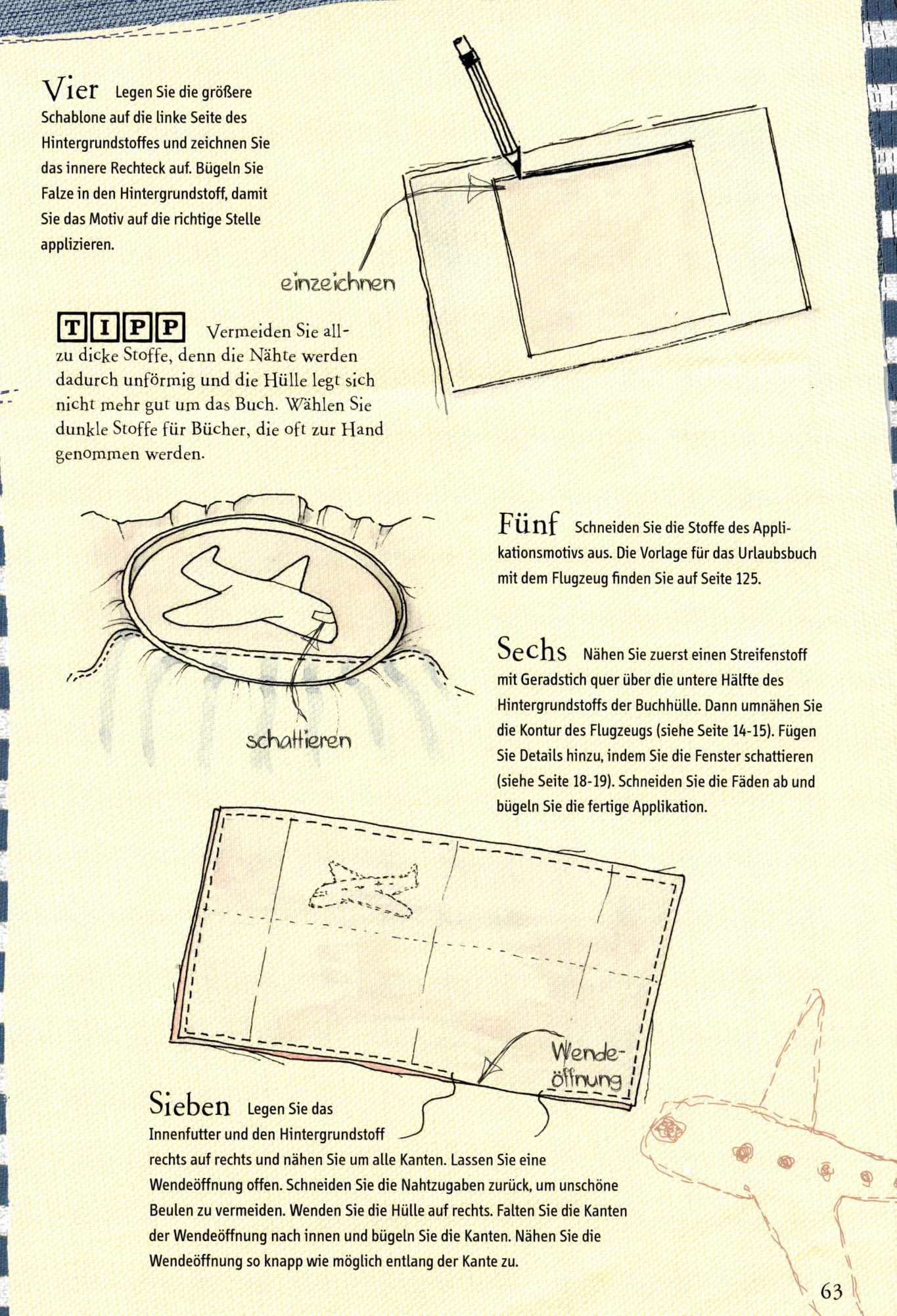

Vier Legen Sie die größere Schablone auf die linke Seite des Hintergrundstoffes und zeichnen Sie das innere Rechteck auf. Bügeln Sie Falze in den Hintergrundstoff, damit Sie das Motiv auf die richtige Stelle applizieren.

einzeichnen

TIPP Vermeiden Sie allzu dicke Stoffe, denn die Nähte werden dadurch unförmig und die Hülle legt sich nicht mehr gut um das Buch. Wählen Sie dunkle Stoffe für Bücher, die oft zur Hand genommen werden.

schattieren

Fünf Schneiden Sie die Stoffe des Applikationsmotivs aus. Die Vorlage für das Urlaubsbuch mit dem Flugzeug finden Sie auf Seite 125.

Sechs Nähen Sie zuerst einen Streifenstoff mit Geradstich quer über die untere Hälfte des Hintergrundstoffs der Buchhülle. Dann umnähen Sie die Kontur des Flugzeugs (siehe Seite 14-15). Fügen Sie Details hinzu, indem Sie die Fenster schattieren (siehe Seite 18-19). Schneiden Sie die Fäden ab und bügeln Sie die fertige Applikation.

Wende-
öffnung

Sieben Legen Sie das Innenfutter und den Hintergrundstoff rechts auf rechts und nähen Sie um alle Kanten. Lassen Sie eine Wendeöffnung offen. Schneiden Sie die Nahtzugaben zurück, um unschöne Beulen zu vermeiden. Wenden Sie die Hülle auf rechts. Falten Sie die Kanten der Wendeöffnung nach innen und bügeln Sie die Kanten. Nähen Sie die Wendeöffnung so knapp wie möglich entlang der Kante zu.

Acht Legen Sie die Hülle um das Buch und schließen Sie es. Zeichnen Sie die Stellen ein, an denen die eingeschlagenen Klappen enden. Nehmen Sie das Buch wieder heraus und bügeln Sie die Kanten der seitlichen Taschen.

Klappe einzeichnen

Neun Nähen Sie die Klappen fest, um die Taschen zu formen. Arbeiten Sie saubere Nähte so nah wie möglich an den Kanten. Vergessen Sie nicht, Anfang und Ende der Nähte mit Rückstichen zu sichern.

Geradstich

Zehn Schieben Sie die Umschlagseiten Ihres Buches in die Taschen und siehe da – schon fertig!

HOCHZEITSGLOCKEN

Halten Sie die Erinnerungen an eine perfekte Hochzeit in einem Album fest. Für den Umschlag wählen Sie Stoffe, die zum Ereignis passen, oder Sie verwenden Stoffe von den Kleidern der Brautjungfern, den Tischdecken oder den Servietten. Die Glocke und die Schleife finden Sie auf Seite 125.

Lustiges Utensilo

Ein aufgeräumter Schreibtisch ist der Beweis für einen ordentlichen Geist – nicht wahr? Da bin ich nicht so sicher, denn ich liebe die Unordnung auf meinem Arbeitstisch! Doch für dieses lustige Utensilo könnte ich meine Meinung ändern. Hier habe ich mich für das Thema „Obst & Gemüse" entschieden. Das Utensilo eignet sich hervorragend, um die unzähligen Rechnungen sowie ausgeschnittene Rezepte aufzunehmen, die man irgendwann einmal nachkochen will.

Wieder wirkt das Projekt, als wären viel Arbeit und großes Können erforderlich, aber letztendlich ist es ganz einfach. Wenn Sie leuchtende Farben und lustige Stoffe wählen, sieht es absolut umwerfend aus.

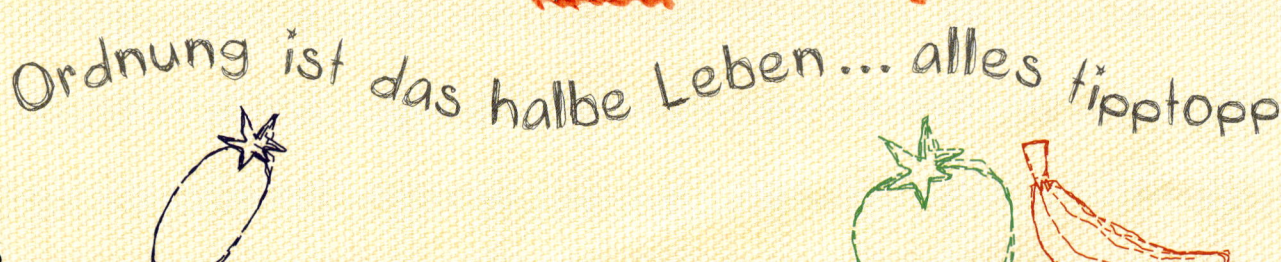

Ordnung ist das halbe Leben... alles tipptopp

Sie brauchen…

- 80 cm x 60 cm Hintergrundstoff
- 80 cm x 60 cm Rückseitenstoff
- 20 cm x 20 cm Stoff für die Taschen (6x)
- 20 cm x 20 cm Futterstoff für die Taschen (6x)
- Stoffe für die Applikationen
- Garn in verschiedenen Farben
- 45 cm Band oder Stoffstreifen in passender Farbe

Schlaufen liegen innen

Eins Schneiden Sie alle Stoffe für das Utensilo zu: den Hintergrundstoff, den Rückseitenstoff, die sechs Taschen und die Futterstoffe für die sechs Taschen. Teilen Sie das Band in drei Stücke von je 15 cm Länge. Dies werden die Aufhängeschlaufen.

Zwei Legen Sie den Hintergrundstoff und den Rückseitenstoff rechts auf rechts. Nähen Sie alle Kanten aufeinander. Fassen Sie dabei die drei Aufhängeschlaufen in gleichmäßigen Abständen in die obere Naht (siehe Seite 45) und lassen Sie an der Unterkante eine Wendeöffnung.

Wendeöffnung

Drei Schneiden Sie die Nahtzugaben zurück, um flache Kanten zu erhalten, und wenden Sie das Teil auf rechts. Falten Sie die Kanten der Wendeöffnung nach innen und bügeln Sie sie. Nähen Sie die Öffnung mit einem farblich passenden Garn zu.

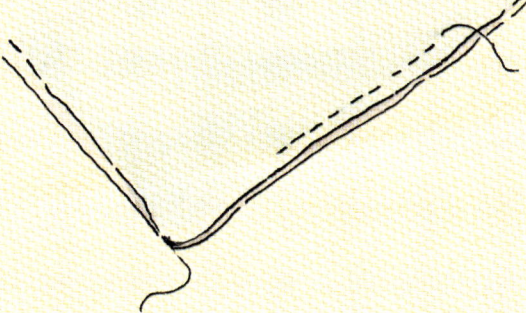

Vier Schneiden Sie nun die Teile der Applikation aus den entsprechenden Stoffen zu. Verwenden Sie die Vorlagen für die Obst- und Gemüsemotive von Seite 125 oder entwerfen Sie Ihre eigenen. Nähen Sie die Applikationen entlang den Konturen auf die Stoffquadrate für die Taschen (siehe Seite 14-15). Sie können die Banane mit Längsstreifen versehen und weitere schmückende Details hinzuzufügen, ganz wie es Ihnen gefällt. Wenn die Applikationen fertig sind, schneiden Sie die Fäden ab und bügeln jedes Taschenteil.

TIPP Bei der Wahl der Applikationsmotive sollten Sie bereits daran denken, was in dem Utensilo aufbewahrt werden wird. Sie können ABC-Taschen für ein Kinderzimmer oder ein praktisches Küchenutensilo nähen. Entwerfen Sie Ihre eigenen Motive je nach Zweck.

Fünf Nähen Sie jeweils eine Taschenvorderseite und ein Taschenfutter rechts auf rechts wie zuvor das Utensilo. Wenden und bügeln Sie die Taschen. Die Wendeöffnungen können Sie beim Aufnähen der Taschen schließen.

Sechs Ordnen Sie die Taschen auf dem Hintergrundstoff an und stecken Sie sie fest. Denken Sie daran, dass manche Dinge, die Sie darin aufbewahren, aus der Tasche herausragen. Planen Sie also ausreichend Platz zwischen den Taschenreihen ein und schieben Sie die untere Reihe dichter zur Unterkante.

Sieben Nähen Sie jede Tasche knappkantig fest und machen Sie Rückstiche an den Oberkanten, um sie zu sichern. Die Naht schließt gleichzeitig die Wendeöffnungen.

viel Platz

Acht Befüllen Sie das Utensilo mit Krimskrams und nähen Sie gleich noch eins!

Weiche Frühstückswärmer

Gesetzt den Fall – irgendwo in einem anderen Universum –, ich hätte einen wunderbaren Gatten, der mir das köstlichste aller Frühstücke ans Bett brächte, dann wären auch diese weichen Hüllen mit dabei. Ein winziges Mützchen würde mein Frühstücksei warm halten und ein fantastischer Kaffeewärmer würde dafür sorgen, dass das extrastarke Elixier heiß und aromatisch bleibt. Ich würde mich wohlig zurücklehnen und es mir gut gehen lassen.

Das alles können Sie sich natürlich auch selbst gönnen. Anhand der Schritt-für-Schritt-Anleitungen ist ein Frühstück leicht in ein Festmahl zu verwandeln. Ich habe hier einfache Motive verwendet, doch können Sie auch ganz persönliche Applikationen entwerfen und die Gegenstände z. B. mit den Namen der Familienmitglieder oder mit zärtlichen Worten besticken.

Ei – Ei – Ein Frühstück im Bett

Für den Kaffeewärmer brauchen Sie…

- 40 cm x 30 cm Hintergrundstoff
- 40 cm x 30 cm Futterstoff
- 40 cm x 30 cm abgestepptes Polyestervlies
- Stoffrest für eine Schlaufe
- Stoffe für die Applikationen
- Garn in verschiedenen Farben

Eins Verwenden Sie den Schnitt von Seite 126 und stellen Sie eine Papierschablone her. Verändern Sie nach Bedarf die Größe auf das Maß Ihrer Kaffeekanne. Schneiden Sie zwei Hintergrundstoffe und zwei Futterstoffe nach Schablone zu.

Zwei Schneiden Sie die Stoffe für das Motiv „Kaffeetasse" nach den Vorlagen von Seite 126 aus. Übertragen Sie die Umrisse auf die jeweilige rechte Stoffseite (siehe Seite 14-15). Fügen Sie den Tassenhenkel an. Arbeiten Sie den Kaffee im Inneren der Tasse mit der Schattiertechnik (siehe Seite 18-19). Schattieren Sie auch den Henkel.

Schlaufe liegt innen

schattieren

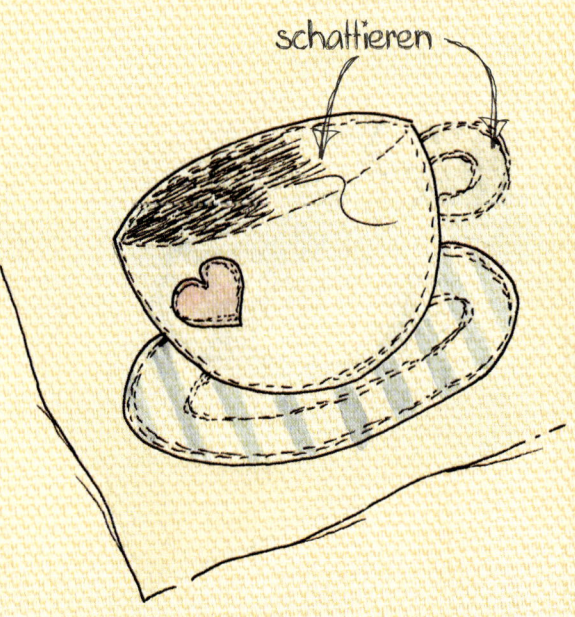

Drei Bügeln Sie an den Unterkanten einen 2,5 cm breiten Umschlag zur linken Stoffseite hin. Stellen Sie eine Schlaufe aus einem schönen Stoffrest her (siehe Seite 45). Legen Sie die beiden Außenstoffe des Kaffeewärmers rechts auf rechts und vergessen Sie nicht, die Schlaufe in die obere Naht zu fassen. Wenden Sie die Hülle und bügeln sie sie.

Vier Bügeln Sie an den Unterkanten der beiden Futterteile einen 2,5 cm breiten Umschlag zur linken Stoffseite hin.
Schneiden Sie zwei Teile Polyestervlies zu – so groß wie die
Futterteile mit umgeschlagener Kante. Breiten Sie eines der Vlies-
stücke auf der Arbeitsfläche aus und legen Sie die beiden
Futterstoffteile darauf, beide liegen rechts auf rechts. Dann
legen Sie das zweite Stück Vlies als oberste Schicht
darüber. Schieben Sie die Vliesunterkante jeweils unter
die umgeschlagene Kante.

umgeschlagene
Kante

TIPP

Das warme Futter ist genauso wichtig wie der äußere Stoff. Achten Sie beim Zusammennähen von Innen- und Außenstoff darauf, dass 3 mm des Futterstoffs an der Unterkante sichtbar bleiben.

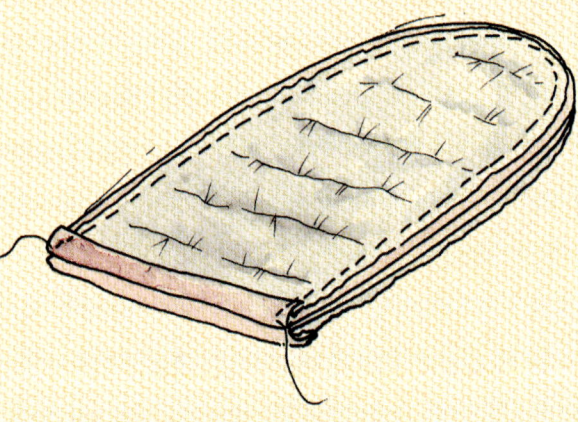

Fünf Nähen Sie die aufeinandergelegten Schichten von Futterstoff und Vlies zusammen. Die Größe entspricht der der Außenhülle. Verwenden Sie die Außenhülle als Schablone, um die Nählinien anzuzeichnen. Schneiden Sie überstehendes Vlies zurück.

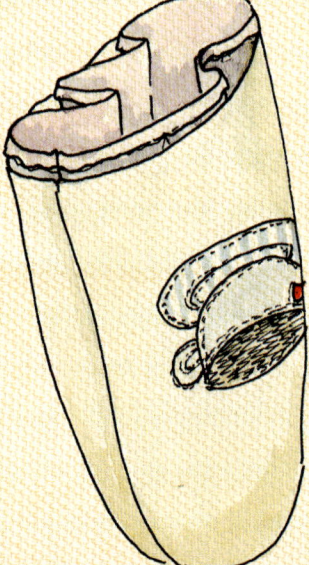

Sechs Schieben Sie das „Sandwich" aus Futter und Vlies in das Außenteil. Öffnen Sie die Nähte an den unteren Ecken und nähen Sie das Futter an das Außenteil. Die Nähte liegen aufeinander und das Futter blitzt einige Millimeter hervor. Setzen Sie schon mal Wasser auf – gleich gibt's heißen Kaffee.

Für jeden Eierwärmer brauchen Sie…

- 10 cm x 25 cm Hintergrundstoff
- 10 cm x 25 cm Futterstoff
- 10 cm x 25 cm abgestepptes Polyestervlies
- Stoffrest für die Schlaufe
- Stoffe für die Applikationen
- Garn in verschiedenen Farben

Eins Verwenden Sie den Schnitt von Seite 126 und schneiden Sie vom Hintergrundstoff und vom Futterstoff je eine Form zu. Nähen Sie eine farblich passende Stoffschlaufe.

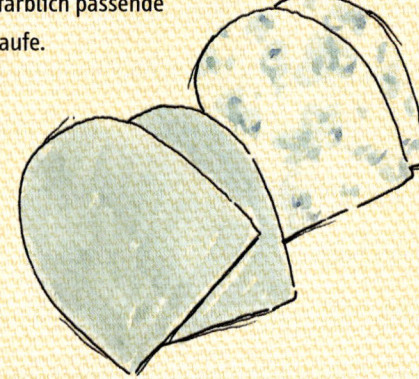

Zwei Schneiden Sie die gewünschten Applikationsteile aus Stoff zu; die Vorlagen finden Sie auf Seite 126. Nähen Sie zuerst die Grundform mit der Umrisstechnik (siehe Seite 14-15) auf den Hintergrundstoff und arbeiten Sie dafür mit einem Stickrahmen. Vergessen Sie bei dem kleinen Vogel das Auge nicht (siehe Seite 18-19). Nähen Sie die Beine und die Flügel mit der Umrisstechnik. Wenn Sie damit fertig sind, schneiden Sie die Fadenenden ab und bügeln den Stoff.

Drei Legen Sie je eine applizierte Außenseite und ein Teil aus Futterstoff rechts auf rechts und nähen Sie entlang der Unterkante. Wiederholen Sie dies mit den anderen beiden Teilen.

Vier Falten Sie die beiden Teile auf und bügeln Sie die Seitennähte auseinander. Legen Sie die Futterstoffe und die Außenseiten rechts auf rechts und nähen Sie um alle Kanten. Fassen Sie die Stoffschlaufe mit in die Naht. Lassen Sie in der Naht des Futters eine ausreichend große Wendeöffnung.

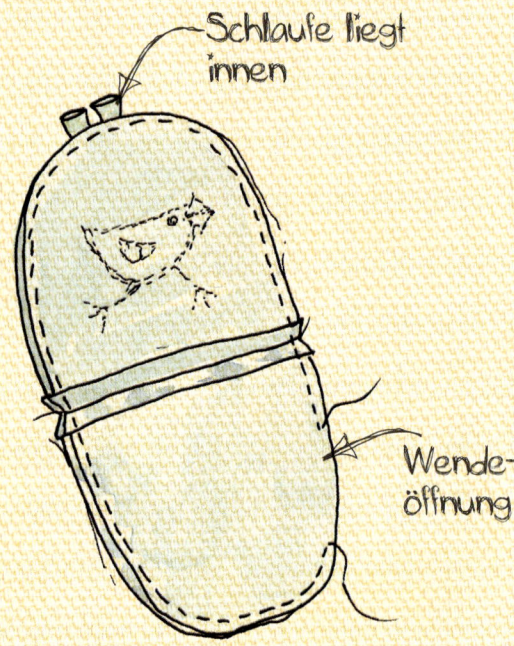

Schlaufe liegt innen

Wende-öffnung

Fünf Wenden Sie den Eierwärmer durch die Öffnung der Futternaht auf rechts. Bügeln Sie die Nähte und schieben Sie das Futter ins Innere des Eierwärmers. Dann hat es auch das Frühstücksei warm und gemütlich.

FÜR JEDEN ANDERS

Entscheiden Sie sich für verschiedene Motive oder für
unterschiedliche Farbkombinationen, wenn Sie Eierwärmer
für die Familie nähen. Dann gibt es am Frühstückstisch
keinen Streit mehr. Auch das Herz und das Ei sehen
entzückend aus, wenn Sie leuchtende Stoffe verwenden.

Riesiger Einkaufsbeutel

Diese frühlingsfrische Einkaufstasche sorgt für gute Laune, wenn Ihnen schon wieder ein Großeinkauf bevorsteht. Die Tatsache, dass die Tasche selbst gemacht ist, weckt den Neid all Ihrer Freundinnen. In den hübschen Beutel mit dem verspielten Muster passt sehr viel hinein und er ist absolut praktisch.

Für diesen Beutel sollten Sie festen, strapazierfähigen und gut waschbaren Stoff verwenden. Leinwand oder Baumwolldrillich ist für die Außenseite ideal, und wenn Sie einen dunklen Futterstoff wählen, müssen Sie den Beutel nicht so oft waschen. Die Herstellung des Beutels ist gar nicht kompliziert und er wird schnell zum geliebten Begleiter für alle Tage.

Einkaufen bis zum Umfallen... was das Herz begehrt

Sie brauchen…

- 60 cm x 80 cm mitteldickes Leinen oder Baumwolldrillich (2x)
- 60 cm x 80 cm Futterstoff aus Baumwolle (2x)
- Stoffe für die Applikationen
- Garn in verschiedenen Farben
- 120 cm festes Band für die Träger

Eins Schneiden Sie den Futterstoff zu. Falten Sie den Stoff längs durch die Mitte. Bringen Sie 5 cm vor der Ecke an der Oberkante eine Markierung an. Ziehen Sie von jeder Markierung eine Linie bis zur unteren Ecke. Schneiden Sie entlang den Linien und wiederholen Sie dies mit dem Stoff für die Außenseite.

5 cm schräg abschneiden

Zwei Schneiden Sie die Applikationsteile aus den gewünschten Stoffen. Verwenden Sie, wenn Sie wollen, die Blumenvorlage von Seite 124. Arrangieren Sie die Teile auf der Fläche und applizieren Sie sie auf eine Außenseite.

Drei Verwenden Sie einen kleinen Stickrahmen, um jede Blüte einzeln zu bearbeiten. Nähen Sie die Umrisse der Blütenblätter und Blütenmitten (siehe Seite 14-15). Wechseln Sie das Nähfüßchen und nähen Sie mit stark kontrastierendem Garn und mit Geradstich die Blumenstiele. Schneiden Sie die Fadenenden ab und bügeln Sie den Stoff.

82

Vier Nun zeichnen Sie die Pfeile für die Abnäher entlang der Oberkante ein, sowohl auf der Außenseite als auch auf dem Futterstoff. Auf jeder Seite befinden sich fünf Abnäher in Abständen von 5 cm, jeweils 2 cm tief und auf 15 cm Länge spitz zulaufend. Nähen Sie die Abnäher und bügeln Sie alle flach.

T I P P Wenn Sie die Abnäher einzeichnen, sollten Sie darauf achten, dass diese nicht in die Blumen hineinlaufen. Sollte das der Fall sein, verkürzen Sie die Abnäher oder verringern die Abstände zwischen den Abnähern.

Fünf Legen Sie jede Taschenseite rechts auf rechts mit einem Futterteil zusammen. Schneiden Sie die Oberkante nach, sodass beide Kanten identisch sind.

Sechs Teilen Sie das Band für die Tragegriffe in zwei Teile. Stecken Sie jeweils ein Ende des Bandes an die Oberkante, zwischen Vorderseite und Futterstoff. Das eine Ende des Griffs liegt am ersten Abnäher, das andere Ende am letzten Abnäher. Nähen Sie an den Oberkanten beider Taschenteile entlang und nähen Sie doppelt über die Griffe, damit sie sicher halten. Falten Sie die Stoffe auf und bügeln Sie die Nähte flach.

Sieben Legen Sie beide Taschenteile rechts auf rechts, Futter auf Futter und Außenseite auf Außenseite. Nähen Sie um alle Kanten rundum und lassen Sie an der Bodennaht des Futters eine Wendeöffnung frei.

Griffe liegen innen

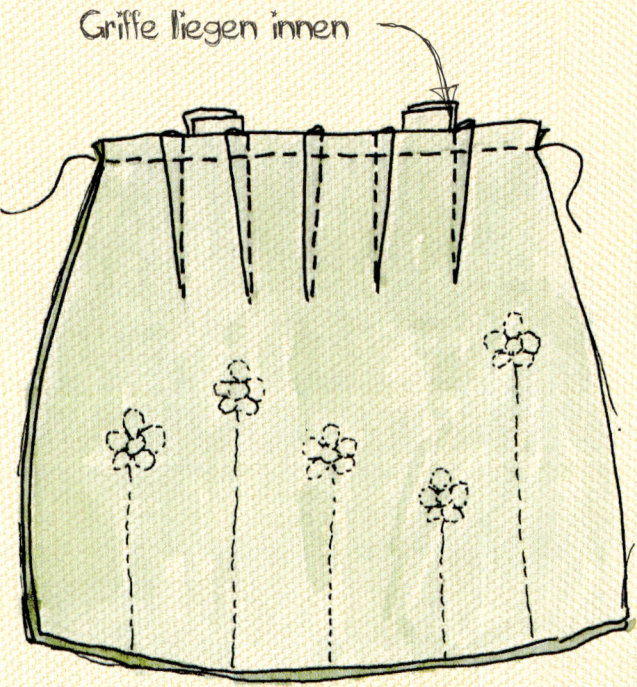

Wende-
öffnung

Acht Wenden Sie den Beutel durch die Öffnung auf rechts. Bügeln Sie die Kanten der Wendeöffnung nach innen und nähen Sie sie zu. Schieben Sie das Futter ins Innere der Tasche und machen Sie sich auf den Weg ins nächste Geschäft.

TIPP
Nähen Sie eine Tasche in Ihren Beutel, wie beim Utensilo auf Seite 66 beschrieben, und schon wissen Sie, wohin mit Geldbörse, Handy und Schlüsselbund.

Find-mich-Tasche

Wie viel Zeit verbringen Sie damit, in den Tiefen Ihrer Handtasche zu wühlen, und nach Handy, Kugelschreiber und Notizbuch zu suchen? Diese verlorenen Minuten summieren sich zu mehreren Stunden pro Monat und ein paar Tagen im Jahr. Da lohnt sich doch der Aufwand, eine schöne und ach-so-nützliche Tasche zu nähen, in der Sie die wichtigsten Besitztümer sicher verstauen können.

Die einfache kleine Tasche mit der bunten Wimpelreihe wird mit einem schönen Knopf verschlossen. Sie können die Tasche für alle möglichen Zwecke abwandeln, indem Sie die Größe, den Stoff oder das Motiv ändern. Wenn Sie diese Tasche genäht haben, verlieren Sie nie wieder irgendetwas (Na ja, mal sehen…)

winke – winke…zeig mal Flagge…

Sie brauchen…

- 40 cm x 25 cm Stoff für die Taschenaußenseite
- 40 cm x 25 cm Stoff für das Futter
- Stoffe für die Applikationen
- Stoffrest für die Knopfschlaufe
- Garn in verschiedenen Farben
- 60 cm schmales Band
- großen Knopf

T I P P Sehr kleine Hintergrundstoffe füllen vielleicht nicht den ganzen Stickrahmen aus, doch sollte der Stoff so straff wie möglich gespannt sein.

Eins Schneiden Sie den Stoff für die Außenseite und das Futter gleich groß zu. Arbeiten Sie eine Stoffschlaufe, passend für den Knopf.

Zwei Falten Sie den Hauptstoff in drei Bereiche: die Vorderseite, die Rückseite und die Klappe. Zeichnen Sie die Falzlinien auf der linken Stoffseite ein. Entscheiden Sie sich für die Stelle, auf die Sie die Applikation nähen möchten. Wenn Sie die Wimpel nähen, markieren Sie ihre Position auf der Klappe und auf der Rückseite der Tasche. Nähen Sie zwei Bandstücke als Leine mit Geradstich auf die beiden Bereiche.

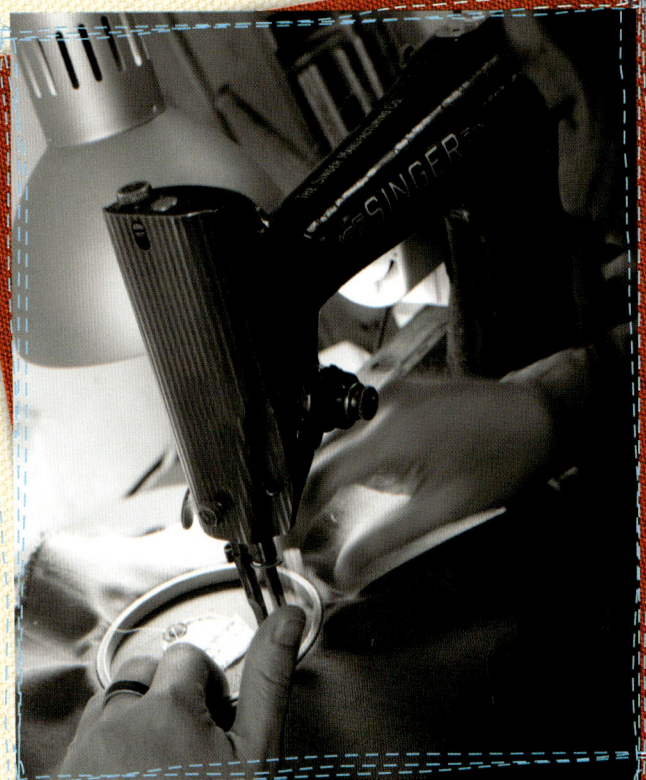

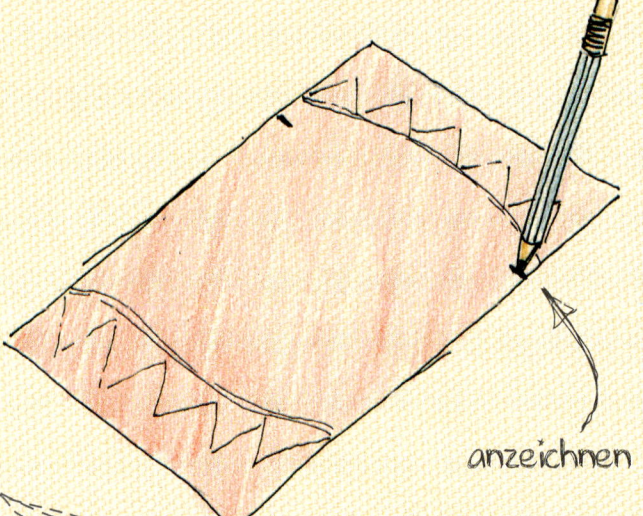

anzeichnen

Drei Spannen Sie den Stoff in den Stickrahmen ein. Verwenden Sie die Schablone von Seite 126 und schneiden Sie die Applikationsteile aus. Legen Sie sie unterhalb jeder Leine auf und schieben Sie die Oberkante unter die Kante des Bandes. Nähen Sie die Wimpel mit der Umrisstechnik (siehe Seite 14-15) auf. Schneiden Sie lose hängende Fadenenden ab und bügeln Sie.

Vier Legen Sie den Futterstoff und die Außenseite rechts auf rechts. Nähen Sie beide Lagen von Beginn der Klappe bis an die andere Seite der Klappe aufeinander und fassen Sie die Knopfschlaufe mit in die Naht (Stoffschlaufen nähen, siehe Seite 45). Vergessen Sie nicht, dass die Schlaufe zwischen den beiden Stofflagen liegen muss, denn die Tasche wird demnächst gewendet.

Fünf Nähen Sie an der gegenüberliegenden Unterkante die Außenseite und das Futter aufeinander.

Schlaufe liegt innen

Sechs Öffnen Sie die beiden Teile, sodass der Außenstoff rechts auf rechts und Futterstoff auf Futterstoff liegen, die Klappe befindet sich oben. Schneiden Sie nun den Futterstoff an der Faltkante auf. Auf beiden Seiten des Schnitts muss ein gleich großes Stück Futterstoff liegen.

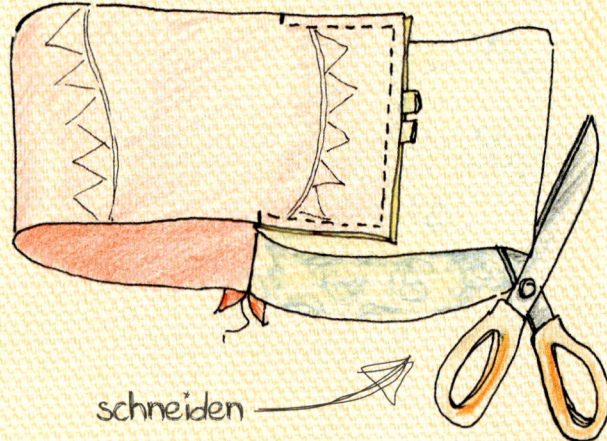

schneiden

TIPP Schrägen Sie die Ecken der Nahtzugaben ab, um sie nach dem Wenden gut ausformen zu können.

Sieben Nähen Sie die Seitenkanten des Futters zusammen. Beginnen und enden Sie an dem Punkt, an dem Futter und Außenstoff aufeinandertreffen. Lassen Sie die untere Kante offen. Verfahren Sie ebenso mit dem Außenstoff.

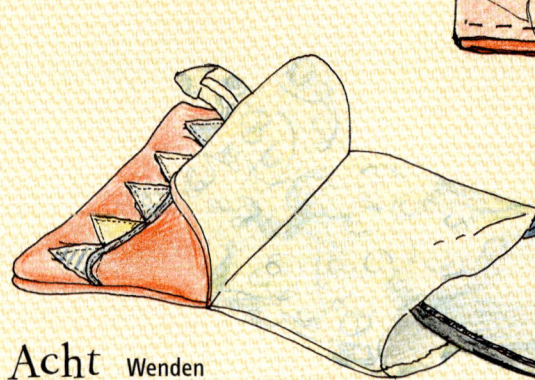

Acht Wenden Sie die Tasche auf rechts und formen Sie saubere Ecken. Bügeln Sie die Kanten von innen durch die Öffnung im Futterstoff. Dann nähen Sie die Öffnung mit farblich passendem Garn zu. Schieben Sie das Futter in die Tasche.

Neun Nähen Sie zum Abschluss einen besonderen Knopf fest. Achten Sie darauf, dass er durch die Schlaufe passt und dass er wirklich sehr fest an der richtigen Stelle angenäht ist.

Eine Seefahrt...

Dieser Schnitt ist sehr vielseitig – nähen Sie eine Tasche in beliebiger Größe und schmücken Sie sie mit verschiedenen Motiven (siehe Seite 126). Nähen Sie ein winziges Täschchen für das Kleingeld oder ein längliches für die Sonnenbrille. Bringen Sie einen Träger an – und schon haben Sie eine neue Umhängetasche.

Perfekte Schürze und Haarband

Wenn Sie diese schöne Schürze genäht haben, können Sie sie umbinden, während Sie die Schürzen für Ihre Freundinnen nähen. Denn diese möchten natürlich auch gleich ein Exemplar bekommen, sobald sie Ihr Werk sehen. Die Schürze ist einfach konstruiert, sieht aber kompliziert aus – das ist der Trick! Suchen Sie nur gleich die Stoffe heraus.

Für meine Schürze wählte ich Stoffe in Grün und Blau. Die Taschen habe ich mit einer dunkelblauen Kante eingefasst. Mein Lieblingsmotiv, ein kleiner Kuchen, sollte der Star sein und mich wie ein Magnet in die Küche ziehen, damit ich ihn backe. Wenn ich groß bin, werde ich vielleicht eine Küchenfee.

Backe, backe Kuchen ... Küchenfee in Aktion

Für die Schürze brauchen Sie…

- 100 cm x 80 cm Baumwollstoff für die Schürze
- 30 cm x 25 cm Kontraststoff für die Taschen (2x)
- 30 cm x 25 cm Futterstoff für die Taschen
- 100 cm Schrägstreifen
- Stoff für die Applikationen
- 200 cm breites Band für die Schleifenbänder
- Garn in verschiedenen Farben

T I P P   Denken Sie schon zu Beginn an eine bestimmte Farbpalette – das macht es leichter, harmonische Töne und die Akzentfarben für die Applikationen auszusuchen.

Eins   Verwenden Sie das Schnittmuster von Seite 127 und stellen Sie einen Papierschnitt her. Schneiden Sie aus den rechts auf rechts gelegten Stoffen die beiden Taschen zu.

Zwei   Schneiden Sie die Stoffteile für die Applikationen zu und verwenden Sie dafür die Vorlagen von Seite 124, falls Sie sich für den Kuchen entschieden haben. Nähen Sie sie fest und fügen Sie die Details hinzu, wie z. B. die Falten des Backförmchens (siehe Seite 14-15). Schneiden Sie die Fadenenden ab und bügeln Sie die Taschenteile.

Drei   Legen Sie die Taschen und die Futterstoffteile links auf links. Bügeln Sie den Schrägstreifen längs zur Mitte. Stecken und nähen Sie den Schrägstreifen an die gebogenen Kanten jeder Tasche. Schneiden Sie überstehende Enden bis kurz vor der Kante ab.

Vier Bügeln Sie die längere
Seitenkante und die Unterkante der Tasche
nahtzugabenbreit um.

Fünf Breiten Sie den Stoff für die Schürze flach aus und
legen Sie die Taschen darauf. Die Oberkante der Tasche trifft auf
die Oberkante der Schürze, die Außenkante verläuft entlang der
Außenkante des Schürzenstoffs. Stecken und nähen Sie beide Taschen
an ihrer Unterkante und an der langen Kante auf den Schürzenstoff.
Lassen Sie die Oberkante und die Außenkanten offen.

Sechs Falten Sie einen Saum entlang der Unterkante und den Seitenkanten der Schürze und nähen Sie ihn fest. Fassen Sie dabei die seitlichen Kanten der Taschen mit.

raffen

Sieben Arbeiten Sie einen Vorstich entlang der Schürzenoberkante. Raffen Sie den Stoff entlang des Fadens und verteilen Sie die Falten gleichmäßig.

Acht Bügeln und nähen Sie einen Umschlag an jedes Ende des Bindebandes. Bügeln Sie es dann der Länge nach mittig zur Hälfte. Markieren Sie die Mitte des Bandes und die Mitte der Schürzenoberkante. Stecken Sie das Band fest, die Markierungen aufeinandertreffend.

Neun Nähen Sie am ganzen Bindeband entlang. Schließen Sie in diesem Arbeitsgang die langen Seiten und fassen Sie die geraffte Oberkante der Schürze mit in die Naht. Bügeln Sie die Schürze und denken Sie dabei darüber nach, wo Sie wohl das Rezeptbuch hingelegt haben.

Für das Haarband brauchen Sie…

- 60 cm x 12,5 cm Stoff für das Haarband
- 60 cm x 12,5 cm Futterstoff
- 15 cm breites Gummiband
- Stoffe für die Applikation
- Garn in verschiedenen Farben

Eins Verwenden Sie den Schnitt von Seite 127 und stellen Sie einen Papierschnitt her. Schneiden Sie nach diesem Schnitt einen Stoff für das Haarband und einen zweiten für das Futter zu. Übertragen Sie auch die Markierungen für das Gummiband auf die linke Stoffseite des Haarbands.

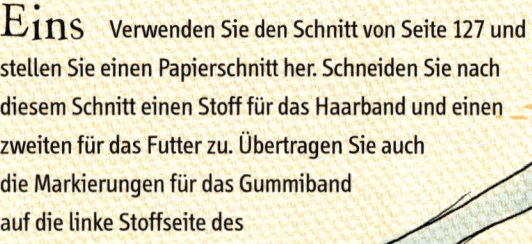

Gummiband

Gummiband

Zwei Schneiden Sie die Stoffe für die Applikation zu und verwenden Sie dazu die Vorlagen von Seite 124. Nähen Sie den Umriss der Applikation (siehe Seite 14-15), schneiden Sie die Fadenenden ab und bügeln Sie die Arbeit.

Drei Bügeln Sie an den Enden von Haarband und Futterstoff jeweils etwas Stoff um. Legen Sie beides rechts auf rechts. Nähen Sie an der Vorderkante von einem Ende zum anderen entlang. Dann nähen Sie an der anderen Kante entlang, wobei Sie an den Markierungen für das Gummiband beginnen und enden.

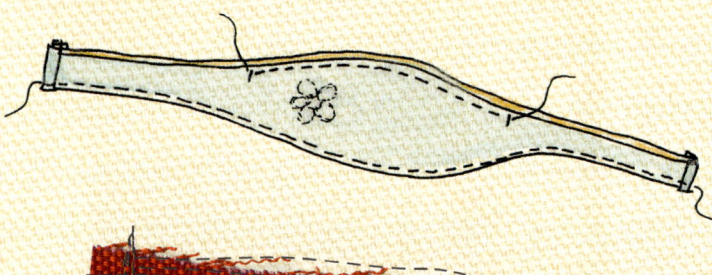

Vier Wenden Sie das Haarband auf rechts. Stecken Sie die Enden des Gummibandes in die offenen Enden des Haarbands bis an die Markierungen hinein. Fixieren Sie diese dort mit Stecknadeln, sodass das Band leicht gerafft wird.

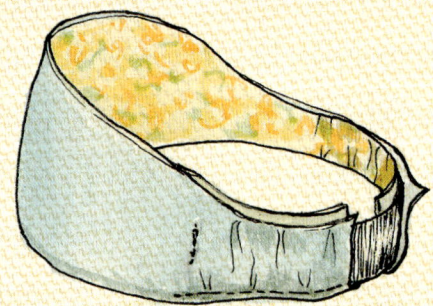

Fünf Nähen Sie an der restlichen Haarbandkante entlang und dehnen Sie das Gummiband während des Nähens. Verbinden Sie die offenen Enden des Haarbands mit Handstichen und achten Sie darauf, nicht in das Gummiband zu stechen. Jetzt dürfen Sie Ihre Haare zurückstreichen und mit dem Backen beginnen.

Picknickdecke

Diese Decke ist schon etwas schwieriger zu nähen, doch die Mühe lohnt sich. Inspiriert von den schönen Patchworkquilts, die von Generation zu Generation weitergegeben werden, hoffe ich, dass diese Decke zu einem Ihrer Familienerbstücke wird.

Bei dieser Picknickdecke können Sie Ihrer Fantasie freien Lauf lassen. Dekorieren Sie nur eine Ecke oder bedecken Sie jeden Zentimeter mit Applikationen. Verwenden Sie gebrauchte Stoffe und alte Kleidung, um Ihre Erinnerungen festzuhalten, oder arbeiten Sie mit neuen Stoffen. Die Decke wird schnell ihre eigene Geschichte bekommen. Wie auch immer, packen Sie die Apfelschorle ein und streichen Sie die Wurstbrote: Es ist Picknickzeit.

frische Luft macht Appetit...

Für die Decke brauchen Sie…

- je 100 cm von zwei verschiedenen Stoffen für die Decke
- 50 cm von zwei weiteren Stoffen für die Decke
- 120 cm x 120 cm Stoff für die Rückseite
- 40 cm x 120 cm Stoff für die Einfassung
- Stoffe für die Applikationen
- Garn in verschiedenen Farben

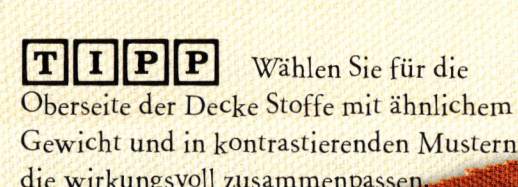 Wählen Sie für die Oberseite der Decke Stoffe mit ähnlichem Gewicht und in kontrastierenden Mustern, die wirkungsvoll zusammenpassen.

Eins Verwenden Sie die Vorlage von Seite 127 und stellen Sie einen Papierschnitt her. Schneiden Sie die vier Stoffteile für die Oberseite aus.

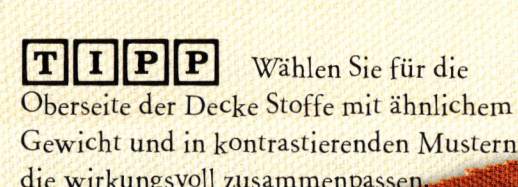 Es ist hilfreich, die Stoffe für die Decke auf einem großen Tisch oder einer anderen großen Fläche auszuschneiden. Selbst ein sauberer Fußboden ist geeignet.

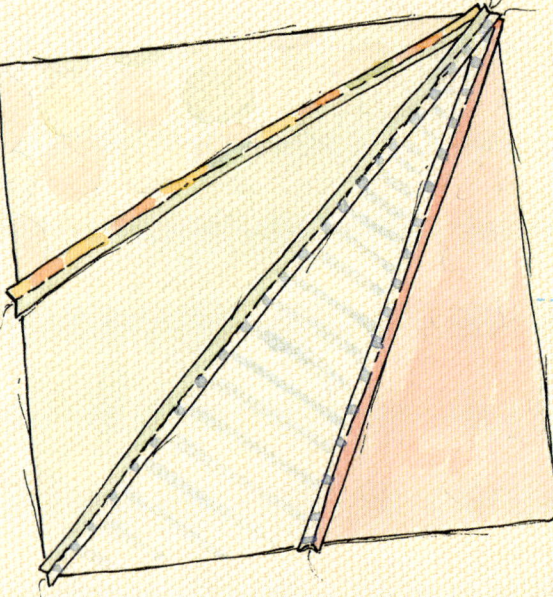

Zwei Nähen Sie die Teile zu einem Quadrat aneinander. Bügeln Sie die Nahtzugaben auseinander.

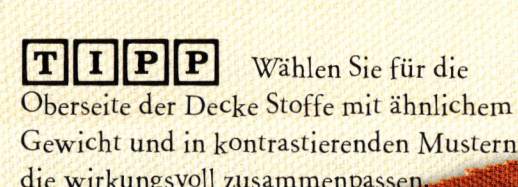 Auf dieser Decke haben Sie viel Platz, um Ihrer Kreativität freien Lauf zu lassen. Ändern Sie die Größe der Applikationen, vergrößern Sie einige Motive und verkleinern Sie andere – das Ergebnis sieht immer klasse aus.

Drei Für die applizierten Hummeln verwenden Sie die Vorlagen von Seite 124 und stellen Schablonen her. Schneiden Sie die Stoffe der Applikationen aus. Nähen Sie die Umrisse der Hummeln (siehe Seite 14-15) und ihre Streifen. Gestalten Sie die Flügel, indem Sie sie entlang der Umrisse auf die Decke nähen und mit hellen Fäden schattieren (siehe Seite 18-19) Schneiden Sie die Fadenenden ab und bügeln Sie die Arbeit auf der Rückseite.

Vier Für die Einfassung schneiden Sie den entsprechenden Stoff zu vier Streifen von 10 cm x 120 cm zu. Bügeln Sie an allen Kanten der Decken-Oberseite die Nahtzugabe um.

Fünf Befestigen Sie die Einfassstreifen an allen vier Kanten der Decke mit Stecknadeln und lassen Sie an allen Enden gleich viel Streifen überstehen. Markieren Sie die Ecken. Nähen Sie die Streifen fest. Beginnen und enden Sie dabei jeweils an den Eckmarkierungen. Nähen Sie nicht über den angrenzenden Streifen. Falten Sie die Streifen nach außen und bügeln Sie sie, sodass jeweils ein Ende über dem angrenzenden Streifen liegt.

Eckmarkierung

Sechs Formen Sie diagonale Ecken, wie auf Seite 44 beschrieben. Schneiden Sie überstehenden Stoff ab und bügeln Sie die Naht der diagonalen Ecken auseinander. Bügeln Sie die gesamte Oberseite der Decke.

Sieben Legen Sie die Oberseite und den Rückseitenstoff rechts auf rechts. Schneiden Sie überstehenden Stoff an den Kanten zurück, sodass Sie ein perfektes Quadrat erhalten. Dann nähen Sie die beiden Teile aufeinander und lassen dabei eine Wendeöffnung frei. Schneiden Sie die Nahtzugaben an den Ecken ab, um unschöne Beulen zu vermeiden (siehe Seite 44).

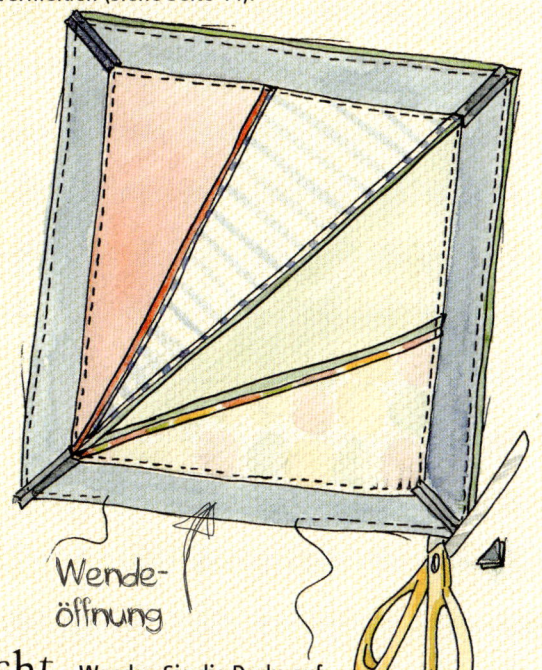

Wende-öffnung

Acht Wenden Sie die Decke auf rechts. Bügeln Sie die Kanten der Wendeöffnung nach innen und nähen Sie sie zu. Dann machen Sie sich mit einem großen Picknickkorb voller Köstlichkeiten auf den Weg in den Park.

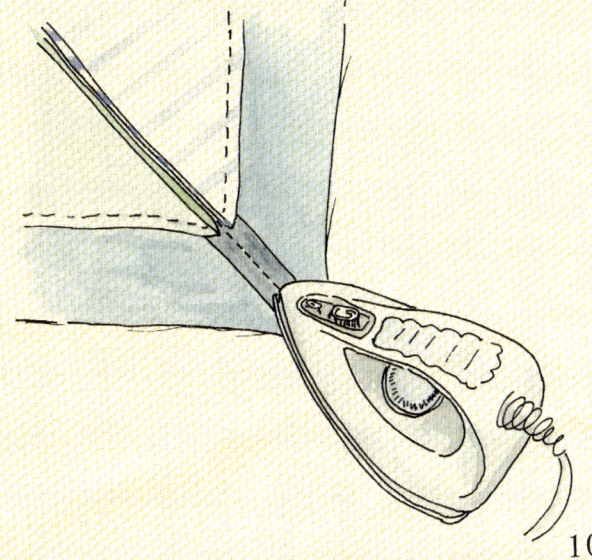

GUT PLATZIERT

Ebenso wie die Picknickdecke können Sie passende Servietten nähen. Die hier zu sehenden Exemplare sind ca. 80 cm x 80 cm groß. Sie könnten wieder das Motiv der Hummel benutzen oder den Marienkäfer und den Schmetterling (Schablonen Seite 124). So vergehen die schönen Picknickstunden wie im Flug. Wenn Sie ein weiches Vlies in die Decke einarbeiten, haben Sie eine Bettdecke oder eine Spieldecke für ein Kind – was für ein großartiges Geschenk!

Meine Tür
steht euch offen...

Ich freue mich immer, wenn dank etwas Kreativität und ausreichend schöner Stoffe ein nützlicher, selbst gefertigter Gegenstand für anregenden Gesprächsstoff sorgt. Dieser tolle Türstopper ist ein guter Grund, die Konventionen hinter sich zu lassen und sich stattdessen an die Nähmaschine zu setzen.

Was diesen Türstopper so liebenswert macht, sind die Applikationen und die Stoffe der kleinen Häuser. Füllen Sie den fertigen Türstopper mit trockenem Reis oder Sand. An die Tür gelehnt verhindert er, dass der Wind die Türen zuknallt und gleichzeitig bringt er Ihnen viele Komplimente ein.

Hereinspaziert... es ist Tag der offenen Tür...

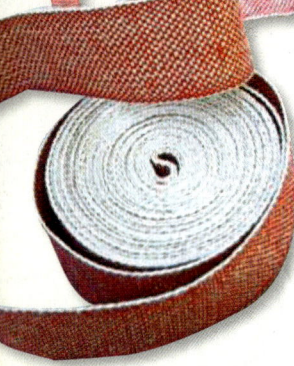

Sie brauchen...

- 60 cm x 20 cm dicken Stoff für die Hauswände
- 15 cm x 15 cm dicken Stoff für Oberseite und Boden (2x)
- 20 cm x 7,5 cm dicken Stoff für den Griff
- Stoffe für die Applikationen
- 50 cm Band für die Schleifen
- Garn in verschiedenen Farben
- eine verschließbare Plastiktüte voller Sand oder Reis

Eins Verwenden Sie die Vorlagen von Seite 127 und stellen Sie die Schablonen für die Applikationen her. Schneiden Sie die Stoffe für vier kleine Häuser aus. Wählen Sie die Stoffe passend zueinander und nähen Sie jedes Haus in einer anderen Farbkombination.

Zwei Falten Sie den Hintergrundstoff quer zur Hälfte und dann noch einmal zu Vierteln. Bügeln Sie die Falten, um die Einteilung zu markieren.

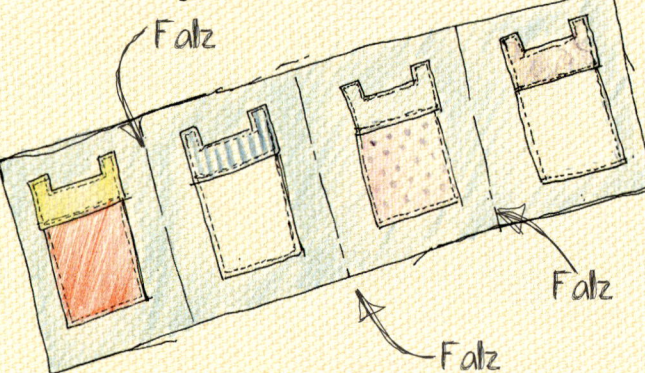

Drei Falten Sie den Stoff wieder auf und legen Sie die Hausformen aus, jeweils eine mittig auf jedem Viertel. Nähen Sie die Häuser und Giebel mit Umrisstechnik auf den Hintergrundstoff (siehe Seite 14-15) und verwenden Sie kontrastierende Garnfarben.

TIPP Nähen Sie zweimal um jede Kontur, damit die Stoffe sicher befestigt sind und die Applikation skizzenhaft wirkt.

Vier Nun applizieren Sie die Fenster und Türen mit Geradstichen und mit kontrastierenden Garnfarben. Vergessen Sie nicht Details wie Fensterläden und Sprossen. Sind die Applikationen vollendet, schneiden Sie die Fadenenden ab und schneiden den Hintergrundstoff in vier gleich große Teile.

Fünf Stellen Sie einen Griff aus Stoff her (siehe Seite 46). Befestigen Sie ihn fest auf dem Stoffquadrat, das die Oberseite des Türstoppers bildet. Nähen Sie dafür jedes Ende quadratförmig auf und innerhalb des Quadrates zwei sich kreuzende Diagonalen.

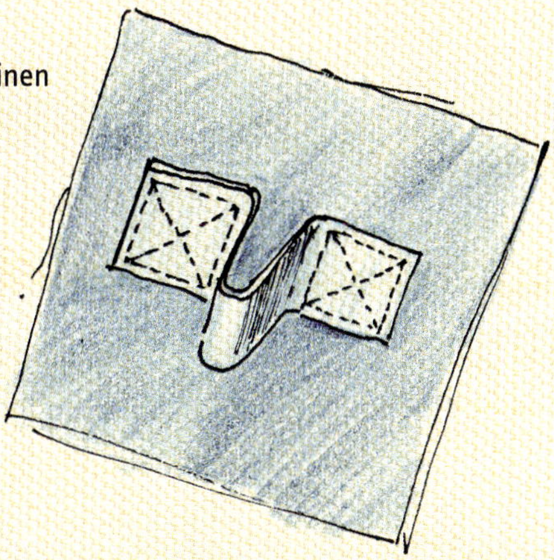

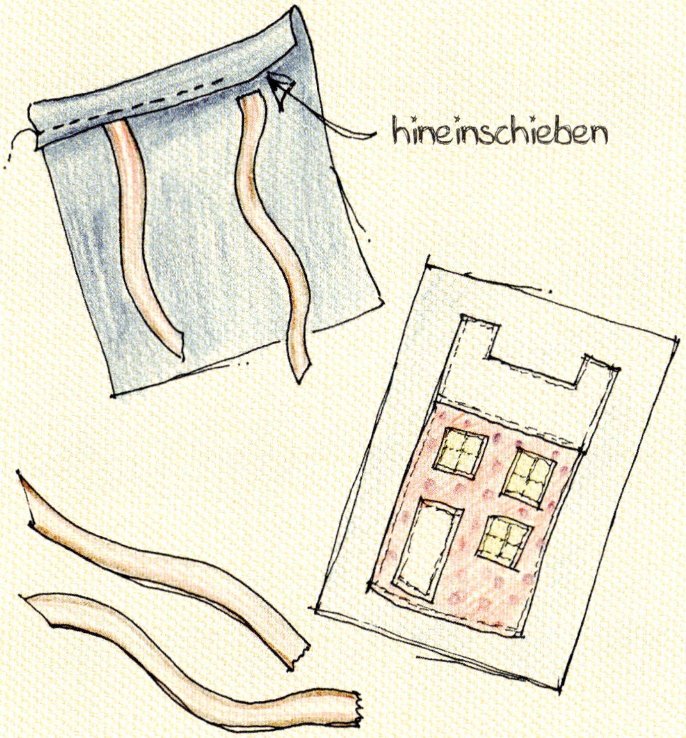

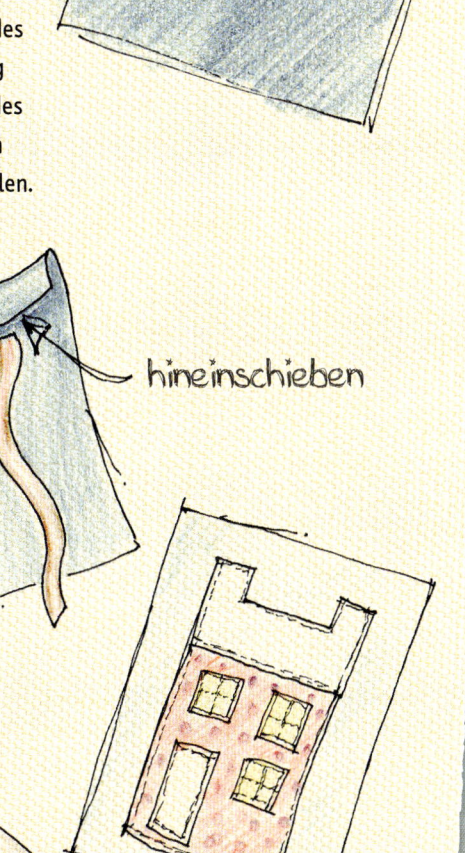

hineinschieben

Sechs Teilen Sie das Band in vier gleich lange Abschnitte. Nähen Sie an der rückwärtigen Kante des Stoffes für die Oberseite einen Saum und nähen Sie gleichzeitig zwei Bandstücke dort mit ein. Wiederholen Sie dies an der Oberkante der applizierten Rückseite des Türstoppers. Nähen Sie die vier Bänder so an, dass sie sich paarweise gegenüberliegen.

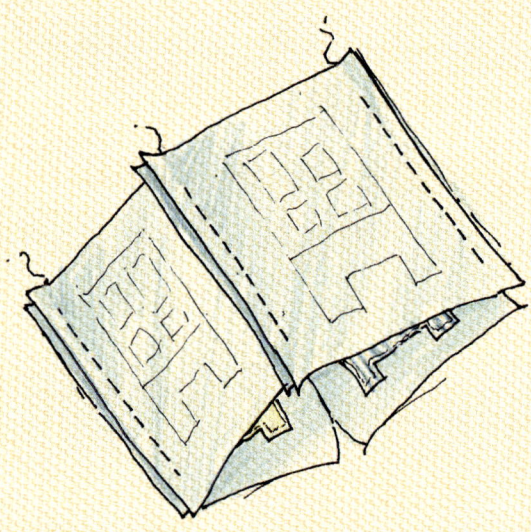

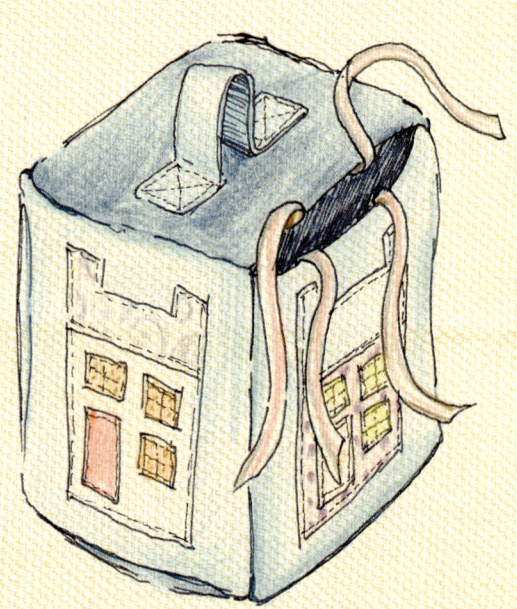

Sieben Nähen Sie die vier Hausseiten jeweils rechts auf rechts zusammen und achten Sie darauf, dass die Unterkanten auf einer Höhe liegen. Beginnen und enden Sie die Nähte jeweils 1,5 cm vor der Ober- bzw. Unterkante, damit die restlichen Stoffteile leichter eingesetzt werden können.

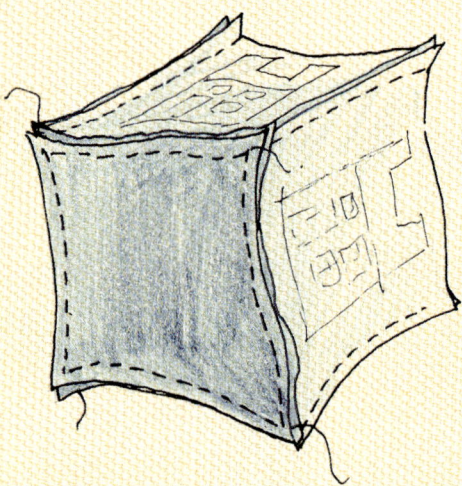

Acht Nähen Sie das Bodenteil rechts auf rechts an die Unterkanten der vier Hauspaneele.

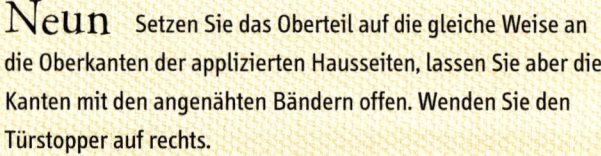

Neun Setzen Sie das Oberteil auf die gleiche Weise an die Oberkanten der applizierten Hausseiten, lassen Sie aber die Kanten mit den angenähten Bändern offen. Wenden Sie den Türstopper auf rechts.

Zehn Platzieren Sie eine Tüte voll Reis oder Sand im Türstopper und binden Sie die Schleifen zu. Jetzt hält er die Terrassentür auf und Sie genießen die Aussicht.

Rund ums Haus

Nähen Sie eine ganze Kollektion dieser dekorativen Türstopper in verschiedenen Farben und Größen. Dann haben Sie für jedes Zimmer einen und gleichzeitig prima Geschenke zum Verteilen. Sie können einen ganz kleinen Türstopper als Briefbeschwerer nähen.

Kuschelkissen

Sieht Ihr Sofa zurzeit ein wenig kahl und einsam aus? Es gibt nichts Einfacheres, als Kissenhüllen zu nähen. Machen Sie sich gleich an die Arbeit. So erhalten Sie ausgesprochen moderne Kissen in jeder gewünschten Form oder Größe. Das ist doch hundertmal besser, als Kissen zu kaufen, die andere Leute auch schon haben.

Diese Kissen sind schnell genäht und können mit ausgefallenen Stoffen und vielen Applikationsmotiven wunderschöne Akzente setzen. Ich habe für die Kissenoberfläche einen Unistoff gewählt, damit die Applikation deutlich hervorsticht. Doch können Sie die Oberflächen auch bunt in bunt arbeiten, sodass die Motive mit dem Hintergrund verschmelzen.

bequem und weich... Lümmelsofa und Kissenschlacht...

Sie brauchen…

- ca. 50 cm Hintergrundstoff pro Kissen
- ca. 50 cm Stoff für die Kissenrückseite
- Stoffe für die Applikationen
- Garn in verschiedenen Farben
- eine Kissenfüllung pro Kissen

Eins Für eine quadratische Kissenhülle schneiden Sie ein Quadrat aus Hintergrundstoff aus, das rundum 5 cm größer als die Kissenfüllung ist. Schneiden Sie ein Rechteck aus Stoff für die Kissenrückseite zu, indem Sie zum Quadrat an einer Seite 20 cm zugeben. Falten Sie nun den Rückseitenstoff quer durch die Mitte rechts auf rechts und schneiden Sie ihn entlang dem Falz auseinander.

schneiden

Drei Umnähen Sie die Konturen zwei- oder dreimal (siehe Seite 14-15). Vielleicht müssen Sie die Fühlerenden des Schmetterlings mit einer Stecknadel oder mit Klebevlies befestigen, damit sie während des Umnähens nicht verrutschen. Schattieren Sie den Körper mit einer sorgfältig ausgewählten Akzentfarbe (siehe Seite 18-19). Schneiden Sie die Fadenenden ab und bügeln Sie das Motiv sowie den Hintergrundstoff.

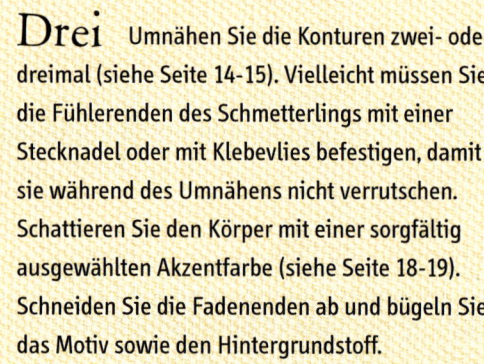

Zwei Schneiden Sie die Stoffe für die Applikationen zu. Verwenden Sie dafür die Vorlage für den Schmetterling von Seite 124. Natürlich können Sie auch jedes andere, selbst entworfene Motiv benutzen.

TIPP Diese Kissen sind so vielseitig und einfach zu nähen, dass Sie viele in lustigen Farben für das Kinderzimmer oder Riesenkissen für die Spielecke fertigen können.

Vier Bügeln und nähen Sie an den beiden Kanten der beiden Rückseitenstoffe jeweils einen Saum. Das sind die beiden Kanten, die sich später als Hotelverschluss überlappen sollen. Legen Sie den Hintergrundstoff mit der rechten Seite nach oben auf die Arbeitsfläche. Legen Sie das erste Rückseitenteil rechts auf rechts darüber und darauf das zweite Rückseitenteil. Die beiden gesäumten Kanten müssen sich überlappen. Stecken Sie die Teile aufeinander.

Fünf Nähen Sie einmal um den gesamten Umriss des Kissens und nähen Sie doppelt über die Stellen, an denen sich die beiden Rückseitenteile überlappen, damit sie wirklich fest sind. Schneiden Sie überstehenden Stoff an den Kanten zurück und die Ecken der Nahtzugaben ab, damit die Nähte nicht zu dick werden (siehe Seite 44).

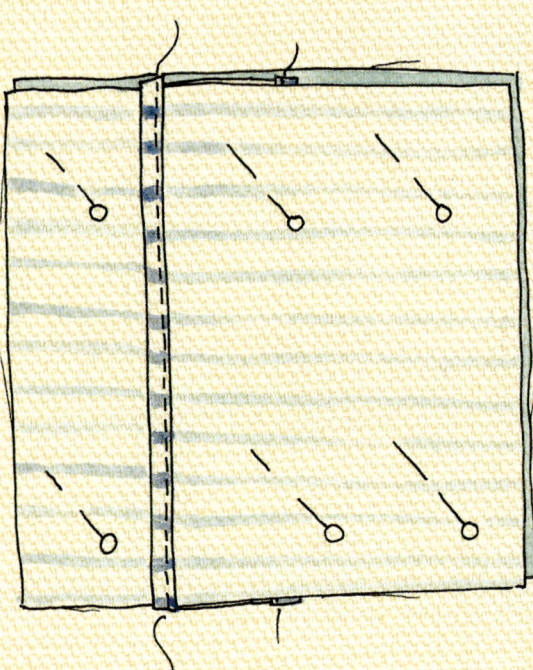

Sechs Wenden Sie die Kissenhülle auf rechts, stecken Sie ein Kissen hinein und machen Sie es sich auf dem Sofa bequem. Sie haben es sich verdient.

VORBEIGEFLATTERT…

Sie können mit der gleichen Methode sogar runde Kissen nähen. Lassen Sie die Rückseitenteile wie beschrieben über-lappen, damit ein Hotelverschluss entsteht. Jetzt nähen Sie um die runde Form und schneiden allen überstehenden Stoff ab.

Sommerliche Vorhänge

Ich gehöre zu den Menschen, denen bei der Vorstellung, einen Vorhang nähen zu müssen, der Schweiß ausbricht. Aber keine Angst, diese hübschen kleinen Margeritenvorhänge sind sehr einfach zu fertigen. Und sie sehen so entzückend aus, dass Ihr Haus nicht genügend Fenster haben wird für all die Vorhänge, die Sie gerne nähen würden.

Wählen Sie leuchtende Farben und ein klares Design, dann müssen Sie keine große Nähkünstlerin sein, um diese Vorhänge zustande zu bringen. Sie brauchen nur hübsche Stoffe zu kaufen.

Es grünt so grün... lasst Blumen sprechen

Sie brauchen …

- Stoff für den Vorhang und für das Vorhang-futter in passender Größe für Ihr Fenster
- einen 30 cm breiten Stoffstreifen, so lang wie der Vorhang breit ist
- Stoffe für die Applikationen
- Garn in verschiedenen Farben
- ca. 150 cm Baumwollband, je nach Länge der Vorhangstange

Eins

Messen Sie Ihr Fenster aus. Rechnen Sie etwas Länge dazu für den Saum an der Unterkante und den Bereich, der über den Fenstersims reicht, sowie für zwei seitliche Säume und den Bereich an den Fensterseiten. Geben Sie auch ausreichend Stoffweite für die Vorhangfalten zu, je nachdem, wie locker sie fallen sollen. Teilen Sie die errechnete Stoffmenge durch zwei. So erhalten Sie die Maße für beide Vorhangteile.

Zwei

Schneiden Sie die Stoffe für beide Vorhanghälften mit den berechneten Maßen zu sowie zwei Futterstoffe in derselben Größe. Schneiden Sie das Band in fünf Stücke von 15 cm für jedes Vorhangteil.

Drei

Legen Sie den Vorhangstoff mit der rechen Seite nach oben auf die Arbeitsfläche. Stecken Sie einen kontrastierenden Stoffstreifen quer über die untere Hälfte jedes Teiles. Streichen Sie alle Stoffe glatt. Nähen Sie mit Geradstich mindestens zwei-mal um jeden Stoff, um ihn sicher zu befestigen.

Vier Schneiden Sie die Stoffteile für die Margeriten und Hummeln nach den Vorlagen auf Seite 124 und 125 zu. Ordnen Sie die Applikationen auf den Vorhangteilen an. Stecken Sie sie mit Stecknadeln fest, wenn Sie möchten.

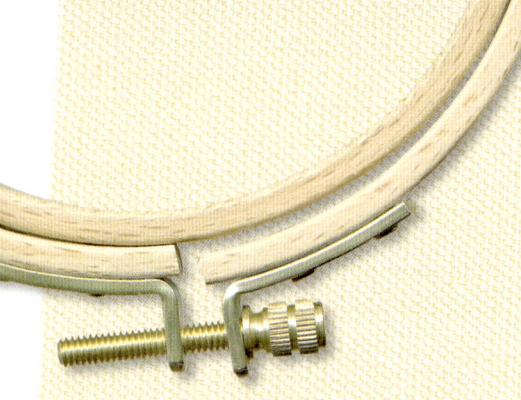

Fünf Nähen Sie die Umrisse der Margeritenkreise und der Hummeln mit Geradstich fest (siehe Seite 14-15). Vergessen Sie nicht, viele Blütenblätter um jede Blüte zu nähen. Danach arbeiten Sie die Stängel über den Kontraststreifen hinweg nach unten. Die Garnfarbe muss sich von beiden Stofffarben deutlich abheben. Schneiden Sie die Fadenenden ab und bügeln Sie die Stoffe.

Sechs Falten und bügeln Sie die Säume an allen vier Seiten jedes Vorhangteiles. Legen Sie die Bandstücke quer zur Hälfte und stecken Sie sie in gleichmäßigen Abständen auf die rechte Stoffseite an die Oberkante jedes Vorhangs. Vergessen Sie nicht, dass die offenen Enden an der Kante liegen müssen. Nähen Sie die Bandstücke als Aufhängeschlaufen fest.

Sieben Legen Sie die Futterstoffteile mit der rechten Seite nach oben auf die Arbeitsfläche. Breiten Sie die applizierten Vorhangteile rechts auf rechts darüber. Streichen Sie alle Stoffe glatt und stecken Sie sie entlang den Kanten aufeinander. Nähen Sie jeden Vorhang mit seinem Futterstoff zusammen und lassen Sie an der Unterkante eine Wendeöffnung. Schneiden Sie die Nahtzugaben zurück und die Ecken der Nahtzugaben ab.

Wendeöffnung

TIPP Arrangieren Sie die Motive asymmetrisch auf den Vorhängen, um sie interessant zu machen. Kleine Kinder lieben es, die Blüten zu zählen und die Hummeln zu entdecken.

Acht Wenden Sie die Arbeit auf rechts, schließen Sie die Wendeöffnungen und finden Sie einen guten Heimwerker, der die Vorhangstangen befestigt. Freuen Sie sich über Ihre neuen Vorhänge.

Vorlagen

Auf den folgenden Seiten finden Sie alle Vorlagen für die Projekte und für die Applikationen. Vergrößern Sie sie auf das benötigte Maß, das entweder auf den Vorlagen oder bei der Arbeitsbeschreibung angegeben ist. Wenn kein Vergrößerungsfaktor vermerkt ist, handelt es sich um die Originalgröße.

Kreis

Quadrat

Dreieck

Kleiner Kuchen

Herz

Blume

Schmetter-ling

Hummel

Marienkäfer

Flugzeug

Margerite

Schleife

Lilie
Blütenblatt

Glocke

Karotte

Tomate

Aubergine

Apfel

Erbse

Banane

Kaffeewärmer
(auf 200 % vergrößern)

Herz

Ei

Kaffeetasse
(auf 200 % vergrößern)

Eierwärmer
(auf 200 %
vergrößern)

Küken

Rettungsring

Wimpel

Schiff

(auf 200 % vergrößern)

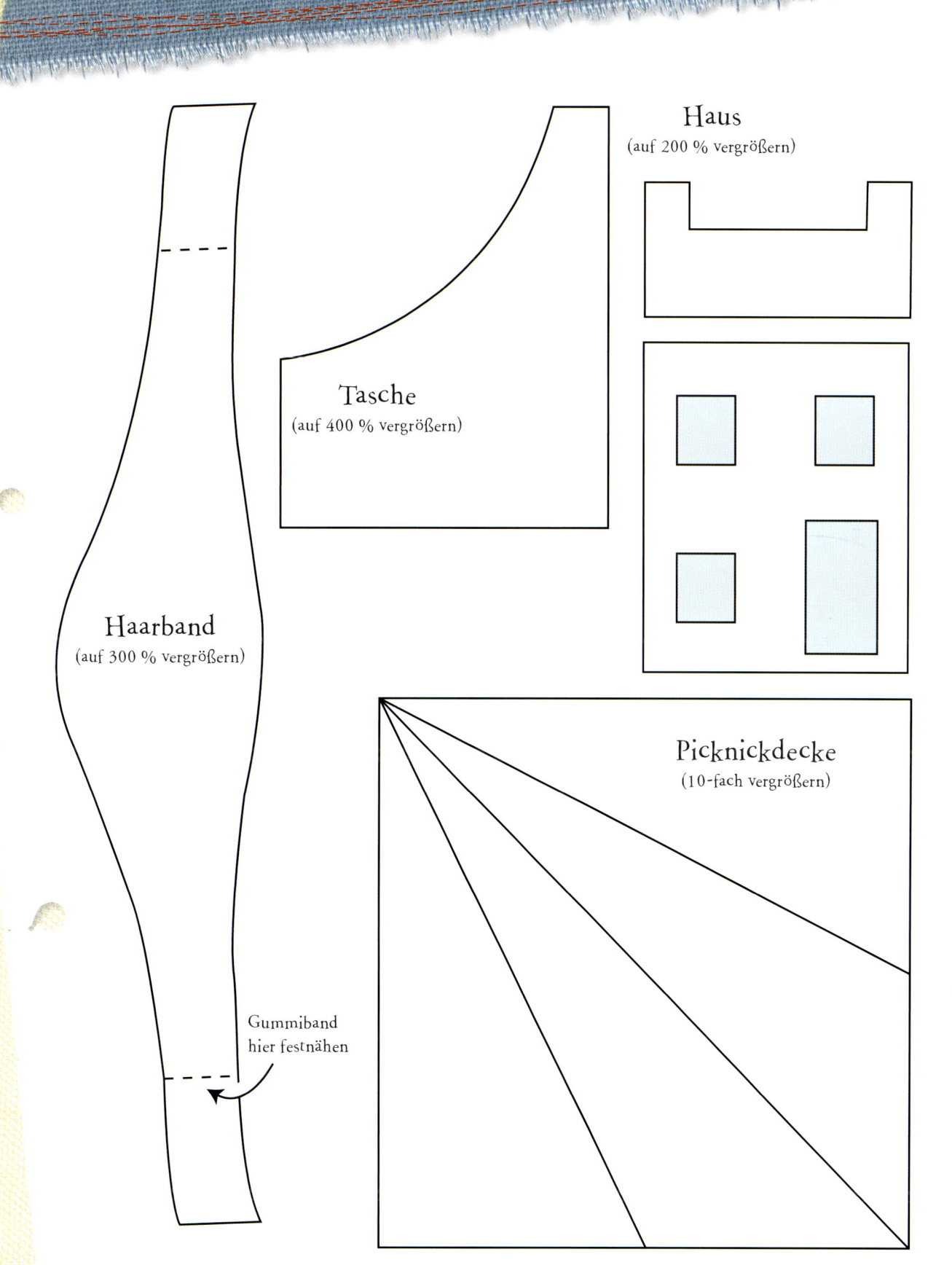

Haus
(auf 200 % vergrößern)

Tasche
(auf 400 % vergrößern)

Haarband
(auf 300 % vergrößern)

Gummiband
hier festnähen

Picknickdecke
(10-fach vergrößern)

Hersteller

Coats GmbH
Eduardstr. 44
73084 Salach
www.coatsgmbh.de

Westfalenstoffe AG
Albrecht-Thaer-Str. 2
48147 Münster
www.westfalenstoffe.de

Union Knopf GmbH
Lilienthalstr. 2-4
33689 Bielefeld
www.unionknopf.com

Prym Consumer GmbH
Zweifaller Straße 130
D-52224 Stolberg
www.prym-consumer.com

Gütermann SE
Landstraße 1
79261 Gutach Breisgau
www.guetermann.com

Dank

Vielen Dank an Freya Laughton und Becky Chard, die mir bei den Entwürfen geholfen haben, und an meine Schwester Faye, die für mich telefoniert und mein Geschäft in Gang gehalten hat, auch wenn ich sie angefaucht habe: „Störe mich nicht, ich schreibe an meinem Buch!"

Die Autorin

Poppy Treffry betreibt ihr eigenes Textilgeschäft in Newlyn, Cornwall, im Südwesten von England. Sie verkauft ihre eigenwilligen Heimtextilien, Handtaschen und Accessoires in ganz Großbritannien, in den USA und in Europa. Kürzlich entwarf und nähte sie Tee- und Kaffeewärmer für alle Zimmer des Claridges Hotels in London.

Poppy Treffry arbeitet auf altertümlichen Singer-Nähmaschinen. Sie wendet einfache Techniken an, hat ein gutes Gespür für Farben und Muster und ihre Werke zaubern ein Lächeln auf die Gesichter der Menschen.

www.poppytreffry.co.uk

Register